*Dieses Buch widme ich allen Mitarbeitern und Freunden,
die geholfen haben, die Klosterbrauerei Neuzelle
zu einem erfolgreichen Unternehmen zu entwickeln.*

Helmut Fritsche

Helmut Fritsche

Der Bierkrieg

Im Fadenkreuz der Bürokratie

Mit Karikaturen von
Professor Hermann Degkwitz

Verlag der Nation

Bibliografische Information Der Deutschen Bibliothek

Die Deutsche Bibliothek verzeichnet diese Publikation in der Deutschen
Nationalbibliografie; detaillierte bibliografische Daten sind im Internet
über http://dnb.ddb.de abrufbar.

© 2004 by Verlag der Nation Ingwert Paulsen jr., Husum

Gesamtherstellung: Husum Druck- und Verlagsgesellschaft
Postfach 1480, D-25804 Husum – www.verlagsgruppe.de

ISBN 3-373-00522-1

Was den Schwarzen Abt nach 700 Jahren aus seiner Gruft trieb

„Bürokratie ist eine gut organisierte Seuche", sagte sarkastisch Cyril Northcote Parkinson. Von ihm stammt auch die Formulierung: „Bürokraten sind die Militaristen des Papierkrieges." Herbert Gross befand: „Bürokratie ist die Verwaltung von Problemen." Resignierend schrieb Ralf Dahrendorf: „Wir brauchen Bürokraten, um unsere Probleme zu lösen. Aber wenn wir sie erst haben, hindern sie uns daran, das zu tun, wofür wir sie brauchen." Grimmig ging Otto von Bismarck mit der Bürokratie ins Gericht: „Die Bürokratie aber ist krebsfräßig an Haupt und Gliedern; nur ihr Magen ist gesund; und die Exkremente, die sie von sich gibt, sind der natürlichste Dreck der Welt … Mit schlechten Gesetzen und guten Bürokraten lässt sich immer noch regieren, bei schlechten Beamten aber helfen uns die besten Gesetze nichts." Und Honoré de Balzac höhnte: „Die Bürokratie ist ein gigantischer Mechanismus, der von Zwergen bedient wird."

Sind solche Äußerungen Häme der Unwissenden, Ausgeburten der Bösartigkeit? Oder ist doch was dran an der Bürokratiekritik, wie sie sich auch in Hunderten von Bonmots und Witzen äußert. Lesen Sie zuerst dieses Buch und entscheiden Sie dann.

Wer das Zeitgeschehen aufmerksam verfolgt hat, wird von den Ereignissen, die ich auf den folgenden Seiten beschreibe, gehört haben. Denn in den vergangenen Jahren ist der „Brandenburger Bierstreit" von den verschiedenen regionalen, überregionalen und internationalen Medien immer wieder aufgegriffen worden. Vieles von dem, was sich im Rahmen dieser – mit Recht von vielen so genannten – „Amtsposse" bisher ereignet hat, wird Ihnen völlig unglaublich vorkommen. Ich kann jedoch versichern, dass sich alles so und nicht anders zugetragen hat.

Während ich an meinem Schreibtisch sitze und diese Zeilen zu Papier bringe, schweifen meine Gedanken zurück und ich erinnere mich, wie alles begonnen hat. 1991 kam ich das erste Mal nach Neuzelle in die schöne Niederlausitz und war von der Atmosphäre der Landschaft und des kleinen Ortes sogleich fasziniert. Für mich als Preuße, der eine Zeit lang im Ostallgäu gelebt hat, war es erstaunlich, nördlich des Weißwurstäquators (das ist für die Bayern die Donau) eine über 720 Jahre alte Klosteranlage der Zisterzienser vorzufinden, die in ihrer hochbarocken Erscheinungsform sogar der berühmten „Wieskirch'n" Konkurrenz machen konnte. Ein Fleckchen katholischer Beschaulichkeit in Brandenburg?

Und nicht nur die Kirche konnte so recht an Bayern erinnern, sondern auch jenes Kleinod, welches ich neben dem Kloster an der kleinen Straße zum Dorf vorfand: eine traditionsreiche Klosterbrauerei! Ich hatte in meinem bisherigen Berufsleben mit Bier im Allgemeinen und Klosterbier im Besonderen recht wenig zu tun gehabt, denn ich war 25 Jahre als Manager in verschiedenen Industriezweigen eines Konzerns tätig gewesen. Privat sah das anders aus, denn wer auch nur kurze Zeit in Bayern gelebt hat, kennt sich mit dem Gerstensaft aus und entwickelt dafür eine mehr oder weniger empfindliche Spürnase.

Jedenfalls spürte ich das gute Schwarzbier auf, das neben einigen anderen Spezialitäten in der Neuzeller Klosterbrauerei hergestellt wurde – und dies schon seit vielen Jahrhunderten. Auch erfuhr ich, dass bereits für das Jahr 1416 die Bierherstellung im Neuzeller Kloster urkundlich belegt war und im Jahre 1589 die Klosterbrauerei als eigenständiger Wirtschaftsbetrieb gegründet wurde. Seitdem hatte man die alte mönchische Brautradition sorgsam bewahrt und auch dann noch daran festgehalten, als die Mönche schon längst fort waren. Der Neuzeller Betrieb war als einzige Klosterbrauerei Norddeutschlands erhalten geblieben. Selbst zu DDR-Zeiten hatte das „volkseigene" Unternehmen mit seinen süffigen Erzeugnissen sein Nischendasein behaupten können – denn auch bei den sozialistischen Biertrinkern war der Gerstensaft der „reaktionären" Mönche außerordentlich beliebt.

Woran lag dies? Was war das „Besondere" (ich wähle diesen Begriff nicht ohne Bedacht) am Schwarzbier der Neuzeller Klosterbrauerei, das es so einmalig und unvergleichlich machte? Es war das Geheimnis seiner Rezeptur, von den Mönchen aufgeschrieben, überliefert und sorgfältig bewahrt. Dem guten Schwarzbier wurde nach dem Brauvorgang ein fein abgestimmtes Quäntchen Zucker zur Veredelung des Geschmacks hinzugefügt. Dies verlieh dem Gerstensaft neben der würzigen, aber sanften Bitterkeit eine feine Restsüße, die das Aroma vollkommen abrundete. Eine echte und rare Spezialität, die sonst nirgends in Deutschland (und wahrscheinlich auf der ganzen Welt) in dieser Zusammensetzung zu finden war!

Leider war der Betrieb wirtschaftlich in keinem guten Zustand. Er befand sich unter Treuhandverwaltung und stand kurz vor der Liquidation. Sofort erwachte mein unternehmerischer Ehrgeiz, dieses traditionsreiche Kleinod zu erhalten und auszubauen. Die Voraussetzungen waren gut – der Betrieb verfügte über den Namen „Klosterbrauerei" und ein Spitzenerzeugnis, das sich auf dem schwer umkämpften Biermarkt als Nischenprodukt sicher würde halten können; vorausgesetzt, es existierte ein modernes Management mit einem professionellen Marketing.

Ich entschloss mich als Branchenfremder, das Risiko einzugehen, und übernahm die Brauerei, obwohl Kenner mir davon abrieten. Ging es doch auch um den Erhalt eines mittelständischen Traditionsunternehmens, das in einer strukturschwachen Region etliche Arbeitsplätze sichern konnte!

Damals konnte ich noch nicht ahnen, dass ich die Rechnung ohne den „Wirt", das heißt in diesem Falle, ohne die Behörden gemacht hatte. Denn: das gute Neuzeller Schwarzbier mit dem besagten Zuckerzusatz entsprach nicht dem Deutschen Reinheitsgebot, nach dem bekanntlich als Zutaten für die Bierherstellung nur Wasser, Hopfen, Hefe und Malz verwendet werden durften. Dieser Umstand war zu „DDR-Zeiten" kein Problem, denn im Lande der reinen sozialistischen Lehre galt das Reinheitsgebot nicht. Doch mit Ablauf des Jahres 1992 endete die seit der Wiedervereinigung gewährte Übergangsfrist für mitteldeutsche Brauereien, mit der das Reinheitsgebot auch in den „neuen" Bundesländern uneingeschränkt eingeführt wurde.

Hiernach hätte sich die Sache mit dem Zuckerzusatz für das Neuzeller Schwarzbier von selbst erledigt – jedoch sah das jetzt maßgebliche bundesdeutsche „Vorläufige Biergesetz" eine Ausnahmeregelung vor, die für „besondere Biere" ein Abweichen vom Reinheitsgebot erlaubte – vorausgesetzt, die zuständigen Behörden würden dies genehmigen.

Jeder normal denkende Mensch würde annehmen, ein Klosterbier mit mindestens 500-jähriger Tradition wäre schon aus Altersgründen ein *„besonderes Bier"*. Sollte man glauben. Ich tat es damals und tue es heute noch. Allerdings gab und gibt es im Lande Brandenburg Beamte, die das anders sahen und sehen. Darin haben wir den Kern des „Brandenburger Bierstreits", der die deutsche Bierwelt seit über zehn Jahren mit der schicksalsschweren Frage in Atem hält: *Ist das Neuzeller Schwarzbier ein „besonderes Bier" oder nicht?*

An dieser Stelle will ich nicht vorgreifen, jedoch über eine Angelegenheit schon jetzt in Kenntnis setzen – richtigerweise über eine bestimmte *Persönlichkeit* –, die in unserer Geschichte eine gewisse Rolle spielen wird.

Im Laufe der Jahrhunderte hatte eine Reihe ehrwürdiger Äbte dem Neuzeller Kloster vorgestanden. Sie alle wurden in einer Gruft tief unter der alten Klosterkirche beigesetzt und erwarteten dort in wohlverdientem Schlaf das Jüngste Gericht. Es hatte in der Geschichte des Klosters die eine oder andere Unruhe gegeben – zum Beispiel waren die Hussiten und die Schweden über die armen Mönche hergefallen und hatten einiges durcheinander gebracht; keines der Ereignisse jedoch schien so aufregend gewesen zu sein, dass es den Schlaf der ehrwürdigen Klostervorsteher hätte stören können, denn weder Krieg noch andere Unbill hatten die Existenz des Klosters jemals ernstlich gefährdet. Anders nun der „Brandenburger Bierstreit", der jahrelang mit ohrenbetäubender Lautstärke durch die Mauern des Klosters tobte und die traditionsreiche Brauerei mehr als einmal an den Rand ihrer Existenz brachte. Dessen Erschütterungen drangen so tief unter die mittelalterlichen Fundamente, dass selbst die steinernen Särge der Äbte bedenklich ins Schwanken gerieten. Wen wunderte es, dass der Erste und Älteste unter ihnen – es war niemand anders als der sagenumwobene „Schwarze Abt" – erwachte und sich entschloss, nach geschlagenen 700 Jahren „dort oben" wieder einmal nach dem Rechten zu sehen?

Er hat uns in manchen komplizierten Problemen und schwierigen Fragen auf die Sprünge geholfen.

„Das besondere Bier – das besondere Land"

Eingangs: vom Sinn (und Unsinn) der Gesetze

Mit Vorschriften und Gesetzen ist das so eine Sache. Wir wünschen, dass sie sich an den praktischen Erfordernissen des täglichen Lebens ausrichten sollten; denn ihr eigentlicher Sinn ist das zweckmäßige Organisieren des menschlichen Zusammenlebens innerhalb eines Staates. Das allgemeine Wohl hat im Mittelpunkt des Interesses zu stehen. Über Jahrhunderte hinweg entwickelten sich Vorschriften aus Gewohnheiten, Übereinkünften und sittlichen Verhaltensweisen von Regierenden und Regierten und wurden, einfach weil es praktischer war, aufgeschrieben. Als die Völker noch keine Schrift besaßen, gaben sie ihre Gewohnheiten mündlich weiter. Da es hierbei immer wieder zu Missverständnissen kam, wurden Strafen eingeführt, um die Leute an das Gesagte zu erinnern. Als die Schrift kam, wurde zwar das Merken einfacher, nicht aber das Einhalten der Gesetzes, und die Strafen wurden verschärft. Dazu trat auch noch die Mühe mit der richtigen Schreibweise.

Dabei sind die Gesetzgeber anfänglich bemüht gewesen – mindestens ansatzweise – das Bewährte zu erhalten, das Überlebte und Unvorteilhafte aber zu reformieren oder ganz abzuschaffen. Die Gesetzeshüter hatten herausgefunden, dass das Aufbewahren der geschriebenen Gesetze ebenso aufwendig war, wie das Auswendiglernen. Und da irgendwann der Platz knapp wurde, begannen sie damit, die älteren Gesetzessammlungen wegzuwerfen. Als sie später jedoch feststellten, dass oftmals die falschen Texte in den Müll gewandert waren, bewahrten sie lieber alles weiter auf. So wuchsen die Archive, die Übersicht schwand, und ein Berg von Gesetzen und Vorschriften begann unser tägliches Leben und die Wirtschaft immer mehr zu lähmen.

Mit dem Reformieren oder Abschaffen von Gesetzen ist es ein Gräuel. Zuweilen scheint von manchen Verantwortlichen – z. B. Politikern und Parlamentariern – das Wörtchen „Gesetz" von „Sitzen" oder „Aussitzen" abgeleitet zu werden. Tagtäglich plagen sich Behörden und Bürger mit einem Haufen von unübersehbaren Vorschriften herum, die oft nicht mehr gebraucht würden, wenn die Gesetzgeber sich die Mühe machten, sie zu überprüfen.

Hier liegt der Hase im Pfeffer. Der Wust an Gesetzestexten und Verwaltungsvorschriften ist die Unterfütterung für so manchen bequemen Sessel. Es wäre nicht auszudenken, was passieren würde, verwirklichten Politiker die Forderung, das Steuerrecht zu vereinfachen!

Ich bin nicht genau darüber informiert, wie viele Steuerberater es hierzulande gibt. Gehört habe ich von 30 000. Ich möchte mir auch keineswegs den Zorn dieser Zunft zuziehen, wenn ich vermute, dass der undurchdringliche Vorschriftendschungel für sie eher geschäftsfördernd denn geschäftsschädigend wirkt (hinter vorgehaltener Hand wird jedoch kolportiert, dass selbst versierte Steuerberater keinen Durchblick mehr haben, wer aus welchem Grund wie viel Steuern zahlen muss oder auch nicht). Ähnlich verhält es sich mit dem verzweifelten Heer der Finanzbeamten, von denen so mancher als Ritter von der traurigen Gestalt gegen die Windmühlen der Steuerbürokratie kämpft. Fast könnte einen das Mitleid überkommen, wenn man nicht wüsste, dass auch hier das Entfernen überflüssigen Ballastes die Schließung so mancher Behörde nach sich ziehen würde. Wer sieht schon gerne zu, wenn sein Arbeitsplatz wegreformiert wird? Und so 'rum wird ein Schuh draus: Eine Masse an Vorschriften benötigt eine Masse an Verwaltung – das führt zu dem, was wir eher ernst als scherzhaft „Bürokratie" nennen.

Bei uns in der Bierbranche ist das nicht anders. Als kluge Köpfe vor einigen hundert Jahren – in Bayern, wo sonst – erstmals auf die Idee kamen, das Bier nicht mehr mit allem möglichen Zeug zu vermischen, um es schmackhafter und haltbarer zu machen, war auch hier die Bürokratie erfunden. Nicht, dass die Einführung des bekannten Reinheitsgebotes damals eine sinnlose Sache war! Im Gegenteil, schauen wir uns die Liste der „Zutaten" an, die am Ende des Mittelalters dem edlen Gerstensaft oftmals zugesetzt wurden. Dabei kann einem heute noch übel werden. Hier eine kleine Kostprobe: Anis, Brabanter Myrthe, Eichenblätter, Efeu (!), Samen der Herbstzeitlose, Himbeeren, Holunderbeeren, Kreuzkümmel, Kümmel, Lavendel, Löwenzahn, Lorbeer, Melisse, Minze, Muskat, Pfirsichblätter, Pflaumen, Rosenblätter, Rosmarin, Schlüsselblumen, Sumpf-Porst, Wacholderbeeren, Zitrone usw. usw. Hierbei handelte es sich keineswegs nur um harmlose Kräuter, denn solche Zusätze waren teilweise giftig! Also musste ein Gesetz her, das der Giftmischerei ein Ende setzte und sicher vielen Menschen das Leben rettete. Eine verdienstvolle Sache, von der die Bayern so überzeugt waren, dass sie einstmals ihr Verbleiben im Deutschen Reich von der uneingeschränkten Gültigkeit des Reinheitsgebotes abhängig machten. Es ist müßig, darüber heute zu streiten, was aus Bayern geworden wäre, wenn die Entscheidung umgekehrt ausgefallen wäre. Aber die Bayern konnten bleiben und zur Belohnung wurde das Bier der Ordnung halber auch einheitlich besteuert – und zwar für alle Deutschen. Das war den Menschen damals noch nicht so unangenehm, weil sich die Steuern im Rahmen hielten und es im Gegensatz zu heute noch einige Dinge gab, die nicht besteuert waren.

Unter Führung der Bayern und bei kräftiger Unterstützung durch die norddeutschen Stämme hielt Deutschland auch an dem Reinheitsgebot fest, als es mit den Segnungen der freien Marktwirtschaft überschüttet wurde, und stellte sich tapfer der internationalen Konkurrenz entgegen. Mit ihrem sprichwörtlichen Wehrwillen schafften die Deutschen es, jeden Angriff von außen abzuschlagen mit dem Ergebnis, dass zwar „unreine" ausländische Biere importiert werden durften, aber im eigenen Land weiterhin eisern das alte Reinheitsgebot galt.

Tatsächlich war das Bier eines der wenigen Dinge, für die wir Deutschen in der Welt noch beliebt waren! Während andere Nationen fröhlich vor sich hin „panschten", blieb das Bier in Deutschland „sauber". Nach dem Zweiten Weltkrieg stieg daher das Reinheitsgebot als so ziemlich einziges historisches Relikt unbeschadet aus den Kriegstrümmern – getreu dem alten Wahlspruch: „Hopfen und Malz, Gott erhalt's!"

Im späten Mittelalter war die Paragraphenreiterei noch nicht so weit fortgeschritten, dass jeder Buchstabe einer Vorschrift hundertmal umgedreht wurde. Von alters her waren neben Wasser, Hopfen, Hefe und Malz einige Zusatzstoffe zum Bier zur Verbesserung des Geschmacks erlaubt. Besonders die findigen Mönche in ihren Klosterbrauereien ließen es sich nicht nehmen, ihrem Schwarzbier nach dem Brauprozess zum Beispiel etwas Zucker zuzusetzen. Das schmeckte gut, war gesund und förderte den Verkauf – ohne dass die Reinheit des Bieres irgendeinen Schaden nahm. Aus dieser Erfahrung entwickelte sich eine vielhundertjährige erfolgreiche Tradition. Auch die Mönche der Abtei zu Neuzelle verstanden es, sich bei der kirchlichen und weltlichen Obrigkeit durch diese kleine Trickserei beliebt zu machen. Und die damaligen Obrigkeiten hatten sich den praktischen Verstand bewahrt, das gebührend zu würdigen. Auch gab es damals noch keine spitzfindigen Lebensmittelchemiker, die jedes Getränk in seine Moleküle zerlegen konnten.

Also war das Reinheitsgebot, zusammen mit den vielfältigen Brautraditionen, die sich im Laufe der Jahrhunderte entwickelt hatten, im Grunde eine gute und runde Sache.

Im 16. Jahrhundert brauchten sich die wackeren Mönche des Klosters Neuzelle noch nicht mit Finanzämtern und Lebensmittelchemikern herumzuschlagen, sondern hatten viel Zeit, sich der Braukunst und dem Kampf gegen die Reformation zu widmen.

Als ich gut 300 Jahre später nach Neuzelle kam, durfte ich erfreut feststellen, dass nicht einmal der Sozialismus hieran etwas Entscheidendes hatte ändern können. Auch wenn die wackeren Mönche längst verschwunden waren und die SED das Wörtchen „Kloster" – weil wohl zu christlich wirkend – aus der „volkseigenen" Brauerei genommen hatten, hatte sich doch zumindest das schöne Bier erhalten und erfreute sich im eigenen Volk, aber auch bei Genossen großer Beliebtheit. Dies lag weniger daran, dass sie etwas gegen Reinheit hatten, sondern vielmehr über recht wenig Malz verfügten, was in erster Linie an der sozialistischen Misswirtschaft lag. Daher war es üblich, Ersatzstoffe zu verwenden.

In westlichen Gefilden hatte sich das beharrliche Reinheitsgebot stärker als in jeder vorhergegangenen Epoche in das Steuergesetz geschlichen. Hierin steckte Logik, da es im Steuerbereich bekanntlich noch nicht genug Vorschriften gab. Auch schaltete sich der Bürokratiemoloch aus Brüssel ein. Den dortigen Oberbürokraten gefiel es ganz und gar nicht, dass sich die Deutschen wieder einmal eine Extrawurst brieten und selbst ihr Bier „sauberer" halten wollten als andere. Und da insbesondere der deutsche Sauberkeitsfimmel nie recht beliebt war, starteten sie einen Generalangriff auf das Reinheitsgebot, rannten die Wälle Germaniens ein und überschwemmten das Land mit Bieren jedweder Konsistenz aus allen Teilen der Welt, die sich auch so nennen durften! Doch den deutschen Bürokraten waren die eigenen Paragraphen mindestens ebenso lieb wie den Bürokraten in Brüssel die ihren. Da sie den internationalen „Biermischern" nicht mehr beikommen konnten, verlegten sie sich auf eine Kriegslist und verboten wenigstens den eigenen Brauern das „Panschen" ihres Bieres. Sie rechneten sich aus, dass sich die Qualität des „reinen" Bieres auch weiter in der Welt behaupten würde. Die schlauen Köpfe vertrauten den Verbrauchern, die mit ihren Zungen schon die Rechten von den Schlechten unterscheiden würden. So entstand eine eigene Bierverordnung, die zwar das wertvolle Reinheitsgebot bewahrte, leider aber auch alles andere über einen Kamm schor. Denn jetzt kamen auch die alten, traditionsreichen Biere, die nach historischen Rezepten gebraut waren, in Gefahr. Neue Vorschriften wurden ausgeklügelt, die jetzt gesamtdeutsch gültig waren. In bewunderungswürdiger Klarheit, sodass hinfort gar nichts mehr klar war.

Das so genannte „Vorläufige Biergesetz" in seiner Neufassung von 1993 legte fest, dass zur Bereitung von untergärigem Bier – also auch für das Neuzeller Schwarzbier – nur Gerstenmalz, Hopfen, Hefe und Wasser verwendet werden durfte. Das gute alte deutsche Reinheitsgebot! Diverse Ausnahmen ließ es zu. So kann auf Antrag im Einzelfall zugelassen werden, dass bei der Bereitung von „besonderen Bieren" vom Reinheitsgebot abgewichen werden kann, was heißt, dass in diesen Fällen z. B. der Zusatz von Zucker nach dem Brauen zur Veredelung des Bieres zulässig ist. Diese Regelung macht guten Sinn, denn es gibt in Deutschland noch einige andere spezielle Biere, ebenso wie das Neuzeller, die unter diese Ausnahmeregelung fallen. Da aber ein eindeutiges Gesetz eher ein Bürokratiehindernis ist, überließ der Gesetzgeber die Feststellung, was ein „besonderes Bier" sei, der Beurteilung der Landesbehörden. Klare Kriterien für „besondere Biere" fehlten im Gesetz.

Damit war dem Eifer des Amtsschimmels kräftig auf die Sprünge geholfen, da es in das Ermessen der zuständigen Verwaltungsbeamten gelegt war, zu beurteilen, was ein „besonders Bier" sei und ob eine Ausnahmegenehmigung erteilt wird oder nicht. Hier liegt der Kern und der Ausgangspunkt für den „Brandenburger Bierstreit", welcher in der Frage gipfelte, ob ein Bier ein Bier ist.

Auch bleibt die Frage offen: Wem bringt das Reinheitsgebot heute noch Nutzen? Das Reinheitsgebot hätte heute noch seinen Sinn, wenn es sich zu einem wirklichen Qualitätsmerkmal entwickelt hätte. Aber die deutschen Brauer haben diese große Chance nicht genutzt. Leider wird nach dem Reinheitsgebot gebrautes deutsches Bier vielfältig auch als billiges Ramschangebot in Supermärkten vertrieben. So argumentieren ausländische Brauer nicht ganz zu Unrecht, das Reinheitsgebot werde als Schutz für den eigenen Markt vor unliebsamer Konkurrenz missbraucht.

Von Mönchen und Managern

Man schrieb das Jahr 1268, als in einem kleinen, oberhalb der Oder gelegenen Örtchen der Mark Brandenburg einige Mönche – ich glaube, es waren zwölf – auftauchten und ein Kloster gründeten, das später den Namen „Nova Cella" oder „Neuzelle" erhielt. Heinrich der Erlauchte, Markgraf von Meißen und der Ostmark, war es, der so klug war und sich den Erfindungsreichtum und die Tatkraft der Zisterziensermönche zunutze machte. Da wahrscheinlich auch Markgraf Heinrich dem Genuss des edlen Gerstensaftes frönte, wird er mit dem ersten Abt des Klosters – Hermann genannt – auch über die Anlage einer Brauerei gesprochen haben. Das Praktische war dabei, dass Neuzelle nur einige Tagesmärsche von Berlin, der neuen Residenz der Markgrafen, entfernt lag – sich also für einen Besuch zu einer Bierprobe anbot. Der Bau einer Brauerei stand nicht an erster Stelle bei den Klosterarchitekten, denn die Mönche mussten zuerst ihre Kirche und ihre Wohnstätten bauen. Also dauerte es noch die Kleinigkeit von hundert Jahren, bevor die erste Neuzeller Klosterbrauerei ihre segensreiche Tätigkeit aufnehmen konnte und in den folgenden mehr als 700 Jahren eine Tradition begründete, die nicht nur in Brandenburg ihresgleichen sucht. Ein Glück war, dass die Mönche nicht nur des Brauens, sondern auch des Schreibens kundig waren und ihre wertvollen alten Rezepturen an die folgenden Brüdergenerationen weitergaben. Da die ehrenwerten Mönche neben einem frommen Sinn auch ein gesundes Verständnis für das Abwickeln guter Geschäfte hatten, beschlossen sie eines Tages, ihr schmackhaftes Bier auch dem durstigen Volk außerhalb der Klostermauern zugänglich zu machen. Deshalb schloss im Jahre 1589 der damalige Neuzeller Abt Andreas Widdmann mit der Stadt Fürstenberg einen Vertrag, wonach die Klosterbrauerei als öffentlicher Gewerbebetrieb geführt und das in ihr gebraute Klosterbier auch an die umliegenden Gemeinden und Gastwirtschaften verkauft werden durfte. Es war dies der Beginn einer wirtschaftlichen Erfolgsgeschichte, die bis auf den heutigen Tag fast ununterbrochen ihre Fortsetzung fand.

Die Klosterbrauerei blieb auch dann bestehen, als nach 1817 die Mönche im Zuge der Säkularisierung ihr Kloster räumen mussten. Wenn auch die himmlischen Gesänge verklungen waren – die Klosterbrauerei setzte ihre Arbeit auch unter weltlicher Herrschaft fort und mit ihr konnte der Region das himmlische Bier erhalten werden.

Das blieb auch nach 1945 so – wenn auch unter anderen politischen Vorzeichen: Sozialismus und Planwirtschaft zogen ein. Wenn die neuen Machthaber auch etwas an der „Kloster"-Brauerei auszusetzen hatten – wie gesagt, der allzu klerikal erscheinende Name musste geändert werden –, so waren sie doch mit deren Erzeugnissen einverstanden. Die Karriere als „volkseigener Betrieb" hatte jedoch angesichts der vielhundertjährigen Vorgeschichte der Brauerei ein vergleichsweise schnelles Ende. Nach dem Zusammenbruch des „ersten deutschen Arbeiter- und Bauernstaates" stand die erneute Privatisierung ins Haus und auch der gute alte Name „Klosterbrauerei" tauchte aus der Versenkung sozialistischer Verschrobenheiten wieder auf.

Erhalten geblieben waren die Brautraditionen der Neuzeller Mönche und mit ihnen die unverändert bei Alt und Jung beliebten Produkte ihrer Kunst, im Zentrum das edle Schwarzbier mit seinem vollmundigen, stark malzaromatischen Geschmack, seiner würzigen Bittere und Restsüße – hergestellt nach alter Rezeptur mit einem, wie beschrieben, fein abgestimmten Zuckerzusatz nach dem Brauvorgang – eine auch nach Meinung anerkannter Fachleute in ganz Deutschland unvergleichliche Bierspezialität.

So war die Situation, als ich im Jahre 1991 zum ersten Mal nach Neuzelle kam und mich die idyllisch gelegene Ortschaft sogleich in ihren Bann schlug. Im Mittelpunkt die herrliche hochbarocke Klosterkirche, ein Kleinod aus baulicher und künstlerischer Sicht. Dazu die verbliebenen Bauten des Klosters, deren Charme jeden Besucher noch heute berührt. Fast ist es, als hörte man noch die alten Chorgesänge der ehrwürdigen Brüder und sähe sie noch in ihren dunklen Kapuzengewändern durch den idyllischen Klostergarten wandeln, von dem aus der Blick weit nach Osten über die wunderschöne Oderniederung schweift. Noch heute muss man den ersten Mönchen zu ihrer Ortswahl gratulieren. Untrennbar verbunden ist Neuzelle mit der umgebenden Kultur- und Naturlandschaft, die alljährlich tausende von Besuchern anzieht. Allein schon genug Gründe, die Klosterbrauerei zu erhalten. Leider stand der innere, wirtschaftliche Zustand des kleinen Betriebes in keinem Verhältnis zum vorteilhaften äußeren Eindruck. Die Planungswut der DDR-Parteifunktionäre hatte auch die ehrwürdige Klosterbrauerei nicht verschont. Bei meinem Besuch in der neben dem Kloster gelegenen Brauerei erfuhr ich, dass der gerade privatisierte Betrieb vor der Liquidation stand. Angesichts der traditionsreichen Geschichte, der Qualität der Produkte und nicht zuletzt wegen der reizvollen Klosteranlage und ihrer Umgebung war mein unternehmerischer Ehrgeiz erwacht. Sofort nach Übernahme begann ich die Brauerei konsequent auf marktwirtschaftliches Handeln auszurichten.

Bis zum Jahresende 1992 galten in den fünf neuen Bundesländern Sonderregelungen zur Bierherstellung, die den Bestand der Bierspezialitäten sicherten, die nicht dem deutschen Reinheitsgebot entsprachen. Dadurch war zunächst auch der Absatz des Neuzeller Schwarzbieres gesichert, dem nach alter Tradition nach dem Brauprozess, der strikt nach den Regeln des Reinheitsgebotes erfolgte, etwas Zucker zugesetzt wurde, was dem dunklen Gerstensaft sein unnachahmliches Aroma verlieh. Der praktische Aspekt dieser Regelung konnte schon etwas Misstrauen erregen, weil er so gar nicht den sonstigen Eigenarten der Bürokratie entsprach. Die Bedenken erwiesen sich bald als nur allzu stichhaltig, denn zum 1. Januar 1993 wurde die Gültigkeit des „Vorläufigen Biergesetzes" auch auf die neuen Bundesländer erweitert. Das wäre für sich noch kein Problem gewesen, denn diese Vorschrift sah Ausnahmen vor, und zwar wenn es sich bei dem vom Buchstaben des Reinheitsgebotes abweichenden Bier um ein „besonderes Bier" handelt. Was aber ist ein „besonderes Bier"? Da sich das Gesetz hierüber nicht weiter auslässt, kamen zwei Kriterien in Betracht:

1. Der gesunde Menschenverstand, gewachsen aus jahrhundertelanger Tradition.

2. Die Beurteilung der zuständigen Verwaltungsbehörden.

Zu 1.: Der gesunde Menschenverstand war in diesem Falle leider nicht gefragt. Denn das „Vorläufige Biergesetz" weist die Beurteilung der Sache Nr. 2, also den zuständigen Behörden, zu. Nehmen wir aber an, der gesunde Menschenverstand hätte in diesem Falle zu Wort kommen können, so wäre die ganze Angelegenheit recht einfach zu handhaben gewesen und sähe so aus:
Das Neuzeller Schwarzbier ist ohne Zweifel ein „besonderes Bier", da es nach einer fast 700-jährigen, beinahe ununterbrochenen Brautradition an derselben Stelle hergestellt wird. Das Rezept orientiert sich an den Überlieferungen der Neuzeller Mönche und berücksichtigt im Brauprozess das deutsche Reinheitsgebot, das heißt, es wird als untergäriges Bier ausschließlich unter Verwendung von Hopfen, Malz, Hefe und Wasser hergestellt. Erst nach dem Brauprozess wird eine kleine Menge Zucker hinzugesetzt, um das unnachahmliche Aroma zu kreieren, welches dieses Bier auszeichnet und es in ganz Deutschland zu einer unbestrittenen, einmaligen Spezialität macht.
Hinzu kommt, dass das Neuzeller Schwarzbier seit Übernahme der Brauerei eine ganz ausgezeichnete wirtschaftliche Entwicklung zu verzeichnen hatte. Bis Ende 1992 betrug der Anteil des Schwarzbieres an der Gesamtproduktion der Brauerei schon 30 % – der Anteil wuchs bis 1995 auf fast 60 %! Die positive Absatzentwicklung ließ ein weiteres Ansteigen erwarten. Da die Neuzeller Klosterbrauerei aufgrund ihrer Kapazitäten nie in der Lage sein würde, in Massenproduktion zu gehen – der Ausstoß lag 1992 bei ca.

25 000 hl pro Jahr –, müsste sie sich auch in Zukunft auf die Herstellung von Bierspezialitäten wie dem Schwarzbier konzentrieren. Die Konsolidierung als mittelständischer Arbeitgeber in dieser strukturschwachen Region Brandenburgs war abzusehen.

Es lag im Interesse der Verbraucher, der Kunden, der Bürger, des Betriebes und nicht zuletzt des Landes, das Neuzeller Schwarzbier als „besonderes Bier" zu qualifizieren.

Zu 2.: Neben den gesunden Menschenverstand trat die Beurteilung der zuständigen Behörden. Nicht, dass hier zwangsläufig ein Widerspruch bestehen müsste. Denn die genannten Interessen sollten doch mit denen der Verwaltung übereinstimmen. Die weitere Entwicklung des Falles zeigte aber das Gegenteil.

Zunächst war für die Beurteilung unseres Bieres nach dem „Vorläufigen Biergesetz" das Gesundheitsamt – hier Veterinäramt (obwohl sich der Biergenuss bei dem lieben Vieh doch wohl eher in Grenzen hält) – des Kreises Eisenhüttenstadt – nachmals Oder-Spree-Kreis – zuständig. Damit alles seine gesetzmäßige Ordnung habe, beantragte ich Anfang des Jahres 1993 für unsere Brauerei die Erteilung einer Ausnahmegenehmigung zur Herstellung des besagten Schwarzbieres als „besonderes Bier" gemäß den Bestimmungen des „Vorläufigen Biergesetzes". Ich füge hinzu, dass wir mit einer zügigen Genehmigung des Antrages im Sinne aller gerechnet hatten, da ich von den Beurteilungen gemäß Nr. 1 (gesunder Menschenverstand) fest überzeugt war. Dass ich mich damit gründlich verrechnet hatte, beweist die folgende Geschichte.

Was, bitte, ist ein „besonderes Bier"?

Unser Antrag datierte vom 3. Februar 1993 und beschrieb die Besonderheiten, den Herstellungsprozess sowie die Rohstoffe und Zutaten des Neuzeller Schwarzbieres im Detail. Auch die bierhistorischen und wirtschaftlichen Rahmenbedingungen wurden aufgeführt, um die Argumentation zu verstärken. Abschließend äußerte sich unser damaliger Geschäftsführer, Herr Redlich, hinsichtlich der Erwartung einer zügigen und positiven Antwort der Behörde zuversichtlich. Ein Optimismus, der durch den Umstand genährt wurde, dass bereits im Januar bei uns im Neuzeller Betrieb ein Vorgespräch mit Vertretern des Kreisgesundheitsamtes stattgefunden hatte, welches uns hoffen ließ.

Doch so einfach, wie sie aussah, war die Sache nicht. Ganz in der Ferne erschien der Amtsschimmel am Horizont und begann zu wiehern.

Die freundliche und zügig erteilte Antwort des zuständigen Veterinär- und Lebensmittelüberwachungsamtes vom 2. April 1993 begann mit einer Überraschung, die aber eigentlich keine war, da im Umgang mit Behörden so etwas häufig vorkommt. Das Amt war nicht zuständig. Der Verfasser, ein Amtstierarzt namens Dr. Möckel, sicherlich ein Spezialist in Fragen des Lebensmittelwesens im Allgemeinen und der Bierherstellung im Speziellen, wies darauf hin, dass sein Haus den Antrag zuständigkeitshalber an das Ministerium für Ernährung, Landwirtschaft und Forsten des Landes Brandenburg nach Potsdam übersandt habe. Damit der Empfänger nicht etwa auf den Gedanken käme, hier solle etwas nur weitergereicht werden, wurde ihm erklärt, man habe die Angelegenheit innerhalb des Amtes einmal prüfen lassen. Leider nicht im Sinne unseres Antrages! Der Brief zitierte dann einige Bestimmungen des „Vorläufigen Biergesetzes", die noch dazu zumeist obergäriges Bier betrafen, während das Neuzeller Bier zu den untergärigen Biersorten zählt. Für den bier-unkundigen Leser sei kurz erläutert: Bei „obergärigem" Bier setzt sich die Hefe während des Brauvorganges an der Oberfläche ab, bei „untergärigem" Bier am Boden. Es handelt sich jeweils um verschiedene Hefen. Nur den obergärigen Bieren darf nach Vorschrift Zucker zugesetzt werden.

Im Kern wies das Schreiben auf das Gebot hin, dass unser untergäriges Schwarzbier nur unter Verwendung von Malz, Hopfen, Hefe und Wasser hergestellt werden dürfe. Die etwas dürftige Schlussfolgerung: „Für die Erteilung einer Ausnahmegenehmigung von Schwarzbier ... besteht nach Bundes- und Landesrecht keine gesetzliche Grundlage". Leider übersahen die Absender, dass es doch eine solche Grundlage gab, die ausdrücklich im Gesetz festgelegte Möglichkeit, Ausnahmen für „besondere Biere" zu erteilen. Auf diese für uns zentrale Frage ging die Antwort nicht ein, da die Empfänger offensichtlich nicht verstanden hatten, worum es ging. Das merkwürdige Schreiben endete mit der Aufforderung, das Brauverfahren in der Neuzeller Klosterbrauerei den gesetzlichen Bestimmungen anzupassen.

Nach einem Moment des ungläubigen Staunens stand für uns sofort fest, dass dies nicht das letzte Wort sein konnte. Offensichtlich waren die Lebensmittel- und Bierexperten des Kreisveterinäramtes überfordert. Mit dem „Vorläufigen Biergesetz" hatte sich 1993 die Zuständigkeit der Erteilung von Ausnahmegenehmigungen geändert und war vom Landkreis auf das Ministerium für Landwirtschaft übergegangen. Das Veterinäramt war also von dieser Aufgabe entlastet worden.

Wir wandten uns deshalb drei Tage später mit einem Einspruch gegen den Bescheid aus Eisenhüttenstadt direkt dorthin. Unter dem Eindruck, bisher gründlich missverstanden worden zu sein, erläuterten wir nochmals eindringlich die Aspekte unseres Schwarzbieres hinsichtlich seiner Tradition und seines Geschmacks sowie seine wirtschaftliche Bedeutung für unsere Brauerei. Gleichzeitig erlaubten wir uns darauf aufmerksam zu machen, welche Folgen eine mögliche Einstellung der Produktion unserer Bierspezialität haben würde: ein sofortiger Stopp der für 1993/94 geplanten Investitionen in Höhe von 4 Millionen DM sowie der drohende Wegfall von 34 Arbeitsplätzen. Um weiteren Irritationen vorzubeugen, erläuterten wir nochmals das Herstellungsverfahren unseres Schwarzbiers und betonten auch diesmal, dass der Brauvorgang streng nach dem Reinheitsgebot erfolgt und der Zuckerzusatz erst danach stattfindet; man in diesem Falle also nicht von einem Zusatzstoff oder Malzersatz – wie dies zu DDR-Zeiten üblich war – sprechen könne, sondern lediglich von einem Gewürz zum Zwecke der Geschmacksverfeinerung.

Zur Sicherheit verwiesen wir auf ähnlich gelagerte Fälle aus anderen Bundesländern, wo die Behörden großzügiger mit den Bestimmungen umgegangen waren. Wir erneuerten unsere Bitte um Prüfung des Antrages und Erteilung einer Ausnahmegenehmigung für unser Schwarzbier als „besonderes Bier" im Sinne des „Vorläufigen Biergesetzes".

Nach diesen ausführlichen und einleuchtenden Begründungen hofften wir auf bessere Einsicht der hohen Landesbehörde, der wir einen größeren Überblick und mehr Sachkenntnis zutrauten, als dem sicher nach bestem Wissen handelnden Tierdoktor eines Kreisveterinäramtes.

Da der Teufel im Detail steckt, machte ich mir Gedanken darüber, wie wir unseren Antrag untermauern konnten. Obwohl seine Begründung in sich schlüssig und rechtlich einwandfrei war, blieb zu berücksichtigen, dass die Feststellung eines „besonderen Bieres" im gesetzlichen Sinne der Beurteilung einzelner Verwaltungsbeamten überlassen war, die so oder so entscheiden konnten. Um den Verantwortlichen eine kleine Hilfe bereitzustellen, gab ich noch im April des Jahres 1993 ein Gutachten beim renommierten lebensmitteltechnischen Institut Fresenius mit der Bitte um Feststellung in Auftrag, ob es sich bei dem Neuzeller Schwarzbier um ein „besonderes Bier" handele. Unter Berücksichtigung der Brautradition unseres Hauses, der Einzigartigkeit der Bierspezialität in den neuen Bundesländern, des Herstellungsverfahrens und der geltenden gesetzlichen Bestimmungen kam das Institut am 16. Mai 1993 zu der eindeutigen Feststellung, dass es sich bei unserem Schwarzbier um ein „besonderes Bier" handele, und empfahl dem Ministerium nachdrücklich die Erteilung einer Ausnahmegenehmigung. So durch die Weihen wissenschaftlicher Erkenntnis gewappnet, sahen wir einer Entscheidung der Behörde gelassen entgegen.

Als einige Wochen ins Land gegangen waren, überraschte mich Anfang Juli der Anruf eines Herrn Dr. Desselberger aus dem Landwirtschaftsministerium, der mir mitteilte, dass unser Antrag nicht genehmigt würde. Auf meine erstaunte Nachfrage erläuterte mir der Herr Doktor, dass die Aussagen des Fresenius-Gutachtens nicht ausreichend seien und im Übrigen der Lebensmittelchemiker des Ministeriums eine Ausnahmegenehmigung aufgrund der Nichteinhaltung des Reinheitsgebotes ablehnen würde. Stattdessen schlug er vor, wir möchten doch bei unserem Brauvorgang mehr Malz einsetzen, um den Stammwürzegehalt des Bieres zu erhöhen und damit den Einsatz des Zuckers überflüssig zu machen. Im Weiteren äußerte Dr. Desselberger sein Verständnis für unser Anliegen und das Interesse auch seiner Behörde, eine für beide Seiten annehmbare Lösung zu finden.

Dass das Ministerium feststellen würde, dass unser Schwarzbier der gegenwärtigen Interpretation des Reinheitsgebotes nicht voll entsprach, konnte nicht überraschen. Allerdings ging es in unserem Antrag ja gerade um die Genehmigung einer Ausnahme von dieser Vorschrift. Offensichtlich hatten die Mitarbeiter dieser hohen Verwaltungsstelle den Kern des Problems ebenfalls noch nicht erkannt. Sonst wäre nicht der etwas skurrile Vorschlag mit der Stammwürze gekommen. Hatten wir doch durch das Gutachten belegen können, dass gerade der Zuckerzusatz die besondere Qualität unseres Schwarzbieres ausmacht, ohne den der Charakter desselben verloren ginge! Verzichteten wir darauf, bräuchten wir gar kein Schwarzbier mehr zu brauen, denn „gewöhnliches" Bier dieser Art gab es in Deutschland genug.

Um der Logik die Ehre zu geben, versuchte ich in einem ergänzenden Schreiben Dr. Desselberger gegenüber die Sache noch einmal ganz genau auf den Punkt zu bringen, und unterließ es sicherheitshalber nicht, auf einen weiteren Präzedenzfall aus dem Rheinland hinzuweisen, bei dem die Behörden einer mittelständischen Brauerei eine Ausnahmegenehmigung zur Herstellung eines Spezialbieres mit einem Zusatz genehmigt hatten. Jetzt sollten die Zuständigen im Ministerium des Pudels Kern eigentlich erfasst haben. Warum sollte in Brandenburg nicht gehen, was anderswo offensichtlich möglich war? Oder fürchteten die Gesetzeshüter, mit einer Genehmigung einen Dammbruch einzuleiten? Schon das Fresenius-Gutachten hatte darauf hingewiesen, dass eine solche Entwicklung aufgrund der Spezialisierung der Neuzeller Brauerei sowie der geringen Zahl ähnlich strukturierter Betriebe höchst unwahrscheinlich sei.

Aufgrund des enttäuschenden Telefonates war es wenig wahrscheinlich, dass sich das Ministerium durch meine neuen Einlassungen beeindrucken ließe. Tatsächlich ging wenige Tage später die Ablehnung unseres Antrages ein. Die Begründung ließ erkennen, dass die Behörde inzwischen erkannt hatte, dass es um eine Ausnahmegenehmigung zur Herstellung unseres Schwarzbieres und nicht um eine Diskussion über das Reinheitsgebot ging. Insofern war ich mit dem beamtlichen Lernprozess zufrieden. Das Ministerium hatte zur Kenntnis genommen, dass eine Ausnahme für Biere, die einen Zusatzstoff zur Geschmacksverbesserung verwendeten, durchaus möglich war. Nur wollte es in diesem Falle ausschließlich Gewürze wie Anis, Zimt oder Nelken gelten lassen. Einen Zusatz von Zucker schloss das Ministerium aus, da dies ein unzulässiger „Malzersatzstoff" sei. Diese Beurteilung gab zwar das „Vorläufige Biergesetz" nicht her, doch war ich von dem Erfindungsreichtum der Verwaltung beeindruckt. Ich wäre nicht darauf gekommen, bei einem Einsatz von 40 Gramm Zucker – der noch dazu nach dem eigentlichen Brauprozess beigegeben wird – im Vergleich zu 160 Gramm Malz pro Liter von einem Malzersatzstoff zu sprechen. Dass es sich dabei lediglich um eine Geschmacksveredelung handeln kann, liegt auch für Laien auf der Hand. Schließlich gibt man Kaffee bzw. Tee zur Verbesserung des Geschmacks Milch und Zucker hinzu, ohne dass diese dann zu „Mischgetränken" werden. Gottlob gibt es noch kein Reinheitsgebot für Kaffee oder Tee!

Not macht erfinderisch

Jetzt waren wir erneut am Zug, einen zusätzlichen Argumentationsstrang zu entwickeln. Und der war schnell gefunden: Schließlich entrichteten wir auf unser gutes Schwarzbier jährlich eine nicht unerhebliche Menge an Steuern. Die Erlaubnis zur Herstellung und zum Vertrieb unseres damaligen Biersortimentes basierte nicht auf dem „Vorläufigen Biergesetz", sondern richtete sich nach dem Biersteuergesetz. Dieses wiederum beruhte auf geltendem EG-Recht, wonach dem Bier auch Zucker zugesetzt werden darf. In diesem Sinne entsprach unser Schwarzbier exakt den gesetzlichen Bestimmungen!

Deshalb machte ich diese einleuchtende Begründung im Mai 1994 zum Gegenstand eines erneuten Antrages an das Landwirtschaftsministerium. Ich unterließ es auch nicht, darauf hinzuweisen, dass sich unser Schwarzbier nach wie vor einer steigenden Beliebtheit erfreute und bereits rund 50% unseres Gesamtumsatzes ausmachte. Nach wie vor traute ich dem Vorstellungsvermögen unserer Beamten zu, sich die Folgen ihrer ablehnenden Haltung für unseren Betrieb und damit auch die regionale Wirtschaft auszumalen, und so war ich hoffnungsvoll, mit dieser Argumentation den Weg zu einer einvernehmlichen Lösung des Problems geöffnet zu haben.

Da das wissenschaftliche Gutachten des Institutes Fresenius bei der Verwaltung keinen nachhaltigen Eindruck hinterlassen hatte, hielt ich es für nützlich, eine weitere Stellungnahme von Seiten der hohen Wissenschaft einzuholen. Prof. Dr. Annemüller von der Technischen Universität Berlin hatte die Freundlichkeit, uns in dieser Sache zu unterstützen. Sein Votum schloss sich lückenlos an die Erkenntnisse des Instituts Fresenius an und ließ wahrlich keinerlei Zweifel offen: Das Neuzeller Schwarzbier ist uneingeschränkt als „besonderes Bier" einzustufen. Begründung: Sowohl hinsichtlich der langen Brautradition als auch aufgrund seines einzigartigen Charakters ist es einmalig in Deutschland und mit keinem anderen dunklen Vollbier vergleichbar, also eindeutig eine Bierspezialität, für die das „Vorläufige Biergesetz" ausdrücklich Ausnahmen vorsieht. Auch hinsichtlich des Zuckereinsatzes wies Prof. Annemüller alle Bedenken zurück. Da Zucker als Grundnahrungsmittel allgemein als Zutat bei der Herstellung von Lebensmitteln anerkannt sei und zudem in der Braukunst weltweit eine lange Tradition habe, sei ein Einsatz in unserem speziellen Fall nicht zu beanstanden. Eine Bedrohung des Reinheitsgebotes läge nicht vor. Klarer konnte es nicht formuliert werden.

Ich habe mir nie ein besonderes Maß an Naivität vorwerfen müssen. Im Gegenteil, als Kaufmann und Manager mit jahrzehntelanger Berufserfahrung in allen Lebens- und Geschäftslagen wähnte ich mich durchaus mit „allen Wassern gewaschen". Nach wie vor war ich überzeugt, dass die besseren Argumente in einer praktisch orientierten Sachfrage die Oberhand gewinnen müssten – ging es doch hier nicht um die Prinzipienreiterei über ein paar Gramm Zucker pro Liter Bier, sondern um die Erhaltung eines mittelständischen Betriebes mit über 30 Mitarbeitern und einer entsprechenden Bedeutung für die Wirtschaft der Region! Es war nicht einzusehen, warum eine Ausnahmegenehmigung in unserem Falle nicht erteilt wurde. Das Wohlergehen eines mittelständischen Unternehmens hätte der Landesregierung doch am Herzen liegen müssen.

Doch die Höhen und Tiefen der menschlichen Psyche sind schwer auslotbar. Kaum einer kann sich glücklich schätzen, in die verwinkelten Gedankengänge so mancher Verwaltungsbeamter Einsicht zu erhalten. Noch lag der Verdacht bei mir fern, der zuständigen Behörde ginge es nur um reine Rechthaberei. Die Zukunft sollte dies jedoch etwas zurechtrücken. Was sich anschloss, machte mehr den Eindruck des störrischen Klebens am Buchstaben als das Auslegen der Gesetze im praktischen Interesse der Wirtschaft, der Gemeinschaft und des Bürgers. Somit war der Amtsschimmel (oder besser -Esel?) endgültig bei unserer Brauerei angekommen und ließ sich häuslich nieder.

Von Hause aus Optimist, sah ich zum Jahresende 1994 noch hoffnungsfroh einer Lösung der Streitfrage entgegen. Aber das Schreiben des Potsdamer Ministeriums, das mir in der Adventszeit auf den Schreibtisch flatterte, war in keiner Weise geeignet, meine vorweihnachtliche Stimmung zu heben. Kurz und bündig wurde unser Antrag wiederum abgelehnt, unsere klare und schlüssige

Argumentation in dürren Worten über den Haufen geworfen.

Die Begründung der Ablehnung ließ erkennen, dass die zuständigen Mitarbeiter im Ministerium wenig Mühe dafür aufgewendet hatten, unsere Einlassungen gründlich nachzuvollziehen. Nach wie vor wurde das Reinheitsgebot ins Feld geführt, gegen das ein Verstoß nicht zulässig sei, weshalb eine Ausnahme nicht in Betracht käme. Und da dem behördlichen Findungsreichtum keine Grenzen gesetzt sind, glaubten die Herren in den Durchführungsbestimmungen für das „Vorläufige Biergesetz" zur Untermauerung dieser Aussage eine Bestätigung gefunden zu haben: Dort besagte der Paragraph 22, dass Zucker nur in obergärigem Bier Verwendung finden dürfe. Daraus schloss die Stellungnahme, dass für untergäriges Bier überhaupt keine Ausnahmen zulässig seien. So weit, so schlecht. Nur hatten die etwas kurzsichtigen Gesetzesexperten in ihrem Eifer überlesen, dass sich dieser Passus ausgerechnet nicht auf den Ausnahmetatbestand im „Vorläufigen Biergesetz" bezog und daher in unserem Falle nicht anwendbar war.

Wäre ich nicht ein gutmütiger Mensch, wäre ich jetzt auf den Verdacht der „Behördensturheit" gekommen. Warum sollte das hinlänglich strapazierte „Vorläufige Biergesetz" – bitte sehr – in seinem Paragraphen 9, Absatz 7 ausdrücklich die Möglichkeit einer Ausnahmegenehmigung zur Herstellung einer Bierspezialität, die vom Reinheitsgebot abweicht, vorsehen, wenn eine solche Ausnahme überhaupt nicht möglich ist? Wozu bräuchten wir eine solche Bestimmung? Das Maß des Verstehens senkte sich bei mir gegen den Nullpunkt.

Meine weihnachtliche Stimmung war dahin, als ich lesen musste, dass die Behörde uns gleich auf die Konsequenzen eines weiteren ordnungswidrigen Verstoßes gegen gesetzliche Bestimmungen hinwies: Ein leiser Wink in Richtung einer Verschärfung der Gangart!

Was darunter zu verstehen war, erschien im März des folgenden Jahres in einem etwas klareren Lichte: Eine freundliche Neujahrsbotschaft des Landkreises Oder-Spree – Lebensmittelüberwachungsamt – kündigte uns in schwungvollem Behördendeutsch Folgendes an:

„Das gewerbsmäßige Inverkehrbringen von untergärigem Schwarz- und Malzbier mit Zuckerzusatz unter der derzeitigen Verkehrsbezeichnung wird Ihnen ab 1. 10. 1995 untersagt."

Dabei versäumte das Amt nicht, die Androhung eines Zwangsgeldes in Höhe von DM 10 000,- im Falle der Nichtbeachtung der Anordnung beizufügen. Die Begründung für die Verfügung war uns schon aus Ablehnungen des Landwirtschaftsministeriums in Potsdam eingehend bekannt geworden und enthielt daher keine neuen Argumente. Sie wurde hier nur erneut strapaziert.

Mit diesem Bescheid änderte sich die Lage für uns grundlegend. Erstmals stand die Existenz der Neuzeller Klosterbrauerei ganz deutlich zur Disposition. Kein Zweifel: es wurde ernst und dringender Handlungsbedarf war gegeben. Eine schnelle Lösung musste her, sollte die Produktion unseres Schwarzbieres nicht zum 1. 10. des Jahres eingestellt werden müssen. Ein Ignorieren der Behördenanordnung kam jedenfalls nicht in Betracht. Also wurden wir wieder offensiv.

Ein Grundsatz im Umgang mit Behördenbriefen besagt, dass der Empfänger alles sehr genau lesen soll, was einem die Bürokratie an Gutem zukommen lässt. So geschult fiel mir etwas auf. Hatte der Tenor der Ordnungsverfügung nicht ausdrücklich von einem Verbot des Inverkehrbringens *„unter der derzeitigen Verkehrsbezeichnung"* gesprochen? Das hieß doch im Umkehrschluss, dass unser Bier unter einem anderen Namen weiter vertrieben werden durfte! Keine befriedigende, jedoch eine Lösung, die uns bis zu einer endgültigen Entscheidung aus den drängendsten Schwierigkeiten heraushelfen konnte. Nach einigen internen Beratungen kamen wir zu dem Schluss, dass dies mit der Gesetzeslage durchaus in Einklang stand, und entschlossen uns, das Schwarzbier umzubenennen. Wir ließen unserer Phantasie freien Lauf und erdachten künftige Namen für unser Produkt, die auf den Zusatz „Bier" ausdrücklich verzichteten: „Unser Schwarz…"; „Schwarz…"; „Ur-Schwarz…" etc.

Wir waren uns bewusst, dass es sich dabei um eine „Trickserei" handelte. Aber die bisherigen Erfahrungen mit den Behörden ließen leider erkennen, dass es hier weniger um die Sache als um das Festklammern an Buchstaben von Vorschriften ging. Dagegen mussten wir uns in die Lage versetzen, mit gleichem Panier zu kämpfen. In diesem Falle galt für uns: „Der Zweck heiligt die Mittel!"

So hieß es denn „keine Müdigkeit vorschützen" und ein neuer Antrag wurde aufgesetzt, der auf Erteilung einer Ausnahmegenehmigung unter „Verzicht der Bezeichnung Bier oder einer bierähnlichen Bezeichnung" lautete. Man kann sich leicht die Verwunderung der Beamten vorstellen, die sich jetzt vor eine völlig neue Herausforderung gestellt sahen. Konnte eine Ausnahmegenehmigung noch verweigert werden, wenn das Produkt nicht mehr unter dem Namen „Bier" vertrieben würde?

Dem Antrag fügten wir nochmals eine ausführliche Begründung bei, die insbesondere – zum wiederholten Male – klarstellte, dass es sich bei dem Zuckerzusatz nicht um einen Malzersatzstoff handele und dass der Brauprozess streng nach dem deutschen Reinheitsgebot erfolge.

Auch hielt ich die Zeit für gekommen, die Kreise der Kenntnisnahme unseres Anliegens zu erweitern. Bisher war der Konflikt nur im engeren Behördenrahmen verhandelt worden. Seit der Ordnungsverfügung des Landratsamtes hatte sich jedoch eine neue Qualität ergeben. Es ging um nichts anderes als die Existenz unseres Betriebes. Also setzte ich ein Schreiben an den Ministerpräsidenten des Landes Brandenburg, Herrn Dr. Stolpe, sowie die Minister für Landwirtschaft, Wirtschaft und Stadtentwicklung mit der Bitte auf, unser Bemühen um eine Ausnahmegenehmigung für unser Schwarzbier zu unterstützen. Ich glaubte damals noch, dass die Landesregierung sehr stark am Erhalt eines Unternehmens wie der Neuzeller Klosterbrauerei interessiert sein würde; noch dazu, als wir eine besondere Tradition des Landes Brandenburg repräsentierten, die auch für den Bereich des Fremdenverkehrs von Bedeutung war. Ging es doch um 30 Arbeitsplätze und Investitionen in Millionenhöhe, die bei einem Erhalt des Schwarzbierabsatzes (nun schon rund 60 % des Gesamtumsatzes) auf lange Sicht gesichert waren!

Doch wie so oft schon, trogen die Hoffnungen. Bereits am 9. Mai 1995 teilte uns der Leiter der Staatskanzlei, Herr Dr. Linde, mit, dass eine Unterstützung seitens des Ministerpräsidenten und seiner Minister aufgrund der geltenden Rechtslage nicht möglich sei. Er verwies in seiner Begründung auf die bereits in den ablehnenden Bescheiden auf unsere vorangegangenen Anträge erfolgten Erklärungen des Landwirtschaftsministeriums. Es war nicht zu übersehen, dass auch auf höchster politischer Ebene die Verschanzung hinter bürokratischen Spitzfindigkeiten begonnen hatte. Doch hatten wir zu diesem Zeitpunkt noch nicht die Öffentlichkeit alarmiert. Welche Dynamik in die hohe Politik kommt, wenn die Presse sich für eine Sache interessiert, sollte sich bald erweisen.

Erwartungsgemäß enttäuschend war die einen Monat später folgende Erklärung des Landwirtschaftsministers Zimmermann, der mir mitteilte, dass eine Änderung der Beurteilung unseres Antrages auf Erteilung einer Sondergenehmigung seitens seines Ministeriums nicht erfolgen könne. Doch bei allem Ärger hatte die schlechte

Nachricht auch etwas Gutes: Zimmermann ergänzte, dass uns die Möglichkeit unbenommen bliebe, unser Schwarzbier als „Mischgetränk" unter einer anderen Bezeichnung weiterhin in Verkehr zu bringen. Allerdings müsse ausgeschlossen werden, dass das Produkt mit Bier verwechselt werden könne. Dazu bedürfe es aber keiner weiteren behördlichen Genehmigung.

Mit anderen Worten: Wir sollten Beihilfe zur Täuschung des Verbrauchers begehen, was wir aber nicht wollten. Warum? Unser Schwarzbier sah aus wie Bier, schmeckte und roch wie Bier, sollte aber als „Mischgetränk" bezeichnet werden. Es käme doch wirklich niemand auf die Idee, Kaffee mit etwas Zucker als „Mischgetränk" zu bezeichnen!

Nach dieser von höchst obrigkeitlicher Stelle kommenden Mitteilung machten wir uns also an die Arbeit und entwarfen einen neuen Namen für unser Schwarzbier, in dem der Begriff „Bier" nicht mehr erschien. Wir entschieden uns für die Bezeichnung: **„Original Neuzeller Klosterbräu Schwarz...."** (wobei die vier Punkte für „Bier" stehen sollten) und fertigten einige Etikettenentwürfe an. Anschließend setzten wir uns mit dem Veterinäramt in Beeskow – nun wieder zuständige Lebensmittelbehörde – in Verbindung und baten um ein Gespräch, das am 27. Mai 1995 in deren Räumlichkeiten mit dem zuständigen Amtstierarzt Dr. Appel stattfand. Wir erläuterten unser Vorhaben und präsentierten den Entwurf für das neue Etikett.

Und siehe da – welche Überraschung! Die Behördenvertreter unterstützten unsere Auffassung und hatten keinerlei Bedenken gegen die Einführung der neuen Bezeichnung!

Etikettenschwindel – oder: ist auch drin, was draufsteht?

Bier oder nicht Bier – das ist hier die Frage

Zu Beginn des Jahres 1996 begannen im Landkreis Oder-Spree merkwürdige Geschichten zu kursieren. In verschiedenen Getränkegeschäften waren „geheimnisvolle Gestalten" aufgetaucht, die auf Zehenspitzen durch die Regalreihen schlichen und auf der Suche nach etwas ganz Bestimmtem waren. Doch nach was? Hin und wieder griffen sie sich eine Bierflasche, hielten sie dicht vor die Augen, drehten sie hin und her und schüttelten den Kopf. Meistens stellten sie die Exponate wieder zurück und verließen das Geschäft so unauffällig-auffällig, wie sie es betreten hatten. Doch manchmal schienen diese seltsamen Kunden gefunden zu haben, wonach sie trachteten, und zeigten ein breites Grinsen. Dann schnappten sie sich eine einzige Bierflasche, schlichen verschämt zur Kasse, bezahlten und entschwanden mit ihrer Beute unter dem Mantel wiederum so unauffällig-auffällig, wie sie gekommen waren.

Die zufällig anwesenden Kunden konnten sich auf diese konspirativ anmutenden Vorgänge ebenso wenig einen Reim machen wie das Verkaufspersonal. Was hatte die akribische Suche nach bestimmten Biersorten zu bedeuten?

Doch das Rätsel löste sich bald auf. Was im normalen menschlichen Leben verwunderlich und sonderbar wirkt, wird erklärbar, wenn Motive der Behörden ins Spiel kommen.

Wie beschrieben, hatte unsere Brauerei im Juli 1995 mit dem Lebensmittelamt in Beeskow die Übereinkunft getroffen, für das Neuzeller Schwarzbier Etiketten zu verwenden, die in ihrer Aufmachung den Begriff „Bier" vermieden. Nicht, dass irgendein normal denkender Mensch auf die Idee gekommen wäre, dass es sich bei unserem „Original Neuzeller Klosterbräu Schwarz...." nicht mehr um Schwarzbier handelte, aber den formalen Forderungen der Verwaltung (s. o.) war nun einmal nachzukommen. Als arglose Staatsbürger verließen wir uns auf die Abmachungen mit der Behörde. In kürzester Zeit hatten wir unsere Etikettierung umgestellt und brachten seit dem Sommer unser Schwarzbier mit dem neuen Namen auf den Markt. Die Käufer ergänzten in ihren Gedanken sinngemäß das „Schwarz...." und waren zufrieden.

Die Umsätze entwickelten sich erfreulich nach oben, aber jetzt kamen diese geheimnisvollen Gestalten ins Spiel. Wer waren sie, von welchen Behörden kamen sie? Jedenfalls waren sie auf die Idee gekommen, das Neuzeller „Schwarz...." dahingehend zu untersuchen, was eigentlich darin sei. Nicht, dass dies nicht klar gewesen wäre, jedoch – man konnte ja nie wissen. Also wurden verschiedene Getränkeläden durchforstet, diverse Proben eingesammelt und den Lebensmittelchemikern übergeben.

Überraschenderweise stellten diese fest, dass es sich bei dem „Schwarz...." um Bier handelte, da die vier Punkte nur diese Ergänzung zuließen (wobei kluge Köpfe sicher noch andere schlaue Dinge hinzufügen könnten). Das durfte aber nicht sein, denn es stand ja nicht drauf. Wie ging das zu? Nach den einschlägigen gesetzlichen Bestimmungen – wie schon ausführlich dargelegt – darf dem deutschen Bier kein Zucker zugesetzt werden. Verstößt eine Brauerei gegen dieses Gebot, so ist das Erzeugnis kein Bier mehr, sondern ein „Mischgetränk". Ein solches darf hergestellt und verkauft werden, wenn es den lebensmittelrechtlichen Bestimmungen entspricht. Nur darf es nicht „Bier" heißen und darf auch in der äußeren Form nicht den Anschein erwecken, „Bier" zu sein, um den Verbraucher nicht böswillig zu täuschen. Dieser Sachverhalt war der Neuzeller Klosterbrauerei durch den Landwirtschaftsminister mitgeteilt worden und uns bestens bekannt. Gerade aus diesem Grunde hatten wir die Etiketten verändert und diese Änderungen eigens mit dem Lebensmittelamt abgesprochen und genehmigen lassen! Auch Dr. Desselberger vom Landwirtschaftsministerium wurden sie zur Kenntnis gegeben, ohne dass ein ablehnender Bescheid erging. Erst nachdem die Einwilligungen vorlagen, waren wir in die Produktion der neuen Auszeichnung unseres Schwarzbieres gegangen.

Doch was anschließend geschah, schlug dem Fass den Boden aus. Die Bürokratie begann, ihr wahres Gesicht zu zeigen. Seitens des Landkreises Oder-Spree ging mir im Februar 1996 ein Schreiben zu, das buchstäblich das Bier auf meinem Schreibtisch sauer werden ließ. Die von einer Behörde – dem Lebensmittelüberwachungsamt – zugelassenen Etiketten wurden von derselben Behörde für nicht zulässig erklärt, da der Eindruck entstünde, es handele sich bei dem Getränk um Bier, obwohl es formalrechtlich gar kein Bier sei. Das war zwar durchaus zutreffend, denn welcher Käufer würde wohl bei einem Getränk in einer Bierflasche mit dem Aufdruck „Klosterbräu", einem fröhlichen Mönch mit Bierglas in der Hand als Abbildung sowie dem Namen Neuzeller „Schwarz...." nicht sofort an „...bier" denken? Etwas anderes wäre für uns auch nicht in Frage gekommen, da wir eine Täuschung unserer Kunden niemals in Erwägung gezogen hätten. Außerdem: Kein normal denkender Mensch konnte leugnen, dass es sich tatsächlich um Bier handelt! Aber wieso, bitte sehr, hatte dieselbe Behörde nur sechs Monate zuvor unserem Änderungsvorschlag uneingeschränkt zugestimmt? Wie mir zuverlässig berichtet wurde (der Name des Informanten muss aus Gründen der Vertraulichkeit ungenannt bleiben), hatte das Lebensmittelüberwachungsamt in Beeskow Weisung

vom Landwirtschaftsministerium erhalten, die bereits genehmigte Etikettierung zu untersagen. Ein unglaublicher Vorgang, der das Vertrauen in die Behörden stark erschüttern musste. Worauf kann sich der Bürger noch verlassen? Die Posse nahm ihren Lauf.

Wie seltsam, unser Neuzeller „Schwarz…." war plötzlich ein Bier, das kein Bier mehr war und auch als solches nicht erscheinen durfte, obwohl jedermann wusste, dass es sich um Bier handelte und dieses Bier auch so hergestellt und verkauft werden durfte, nur eben nicht als Bier.

Verstanden? Nein? Ich auch nicht! Dasselbe Produkt wurde jedenfalls, nachdem es erst behördlicherseits offiziell genehmigt worden war, nun behördlicherseits offiziell beanstandet. Wir wurden per erneuter Ordnungsverfügung dazu aufgefordert, innerhalb von acht Wochen eine „ordnungsgemäße" Kennzeichnung unseres Schwarzbieres herzustellen oder den Vertrieb einzustellen – das Ganze unter Androhung eines Zwangsgeldes in fünfstelliger Höhe.

Da die Verwirrung nun vollends war und niemand bei uns mehr wusste, woran er war, hielt ich es für unerlässlich, mich in dieser verqueren Angelegenheit erneut an den Herrn Landesvater persönlich zu wenden. Nichts lag näher, als den Knoten von höchster Stelle selbst auflösen zu lassen, denn wer – bitte schön – sollte hier sonst den Überblick haben? Auch war ich fest davon überzeugt, dass sich der Ministerpräsident des Landes Brandenburg für unsere Argumentation aufgeschlossen zeigen und Verständnis für die wirtschaftlichen Belange seiner Heimat haben würde. Deshalb bat ich Anfang März 1996 in einem Telefax um einen Gesprächstermin mit Dr. Manfred Stolpe, um die Sachlage persönlich darlegen zu können. Es konnte doch kein Zweifel darüber bestehen, dass sich ein Ausweg finden lassen würde.

Sechs Tage später erhielt ich ein Schreiben des uns schon bekannten Dr. Desselberger vom Potsdamer Landwirtschaftsministerium, in dem er mir mitteilte, dass meine Anfrage an den Ministerpräsidenten an ihn zur Erledigung weitergesandt worden war. Was sollte ich davon halten? Die Staatskanzlei hatte mich nicht einer Antwort für würdig erachtet. Oder hatten sich die Herren verlesen? Ich hatte um ein Gespräch mit dem Ministerpräsidenten und nicht mit dem Landwirtschaftsminister gebeten. Da ich wusste, wie beschäftigt ein Regierungschef und seine Mitarbeiter mit allen möglichen Dingen sind, die es verhindern, sich mit einem Bürger des Landes zu unterhalten, nahm ich die Ablehnung vorerst hin.

Wir waren wieder an alter Stelle angelangt. Im Tonfall gab sich Dr. Desselberger freundlich-jovial, verwies auf unsere frühere Korrespondenz und empfahl: *„Um dem Verbraucher das allseits beliebte Neuzeller Schwarzbier zu erhalten und wirtschaftliche Nachteile für die Region zu vermeiden, sehe ich nur die Möglichkeit der Umsetzung einer der Alternativen, die Ihnen von Herrn Minister Zimmermann mit Schreiben vom 19. Juni 1995 aufgezeigt wurden."*

Einer der genannten „Alternativen" hatten wir uns ja gerade bedient und den Absprachen mit der Regionalbehörde vertraut! Auch die trostreichen oder eher: schmeichelnden Worte über unser Schwarzbier konnten den in mir aufsteigenden Zorn kaum bändigen. Die bittere Erkenntnis war: Wir standen wieder ganz am Anfang.

Da das Spielchen nun erneut von vorn begann, war zunächst ein Vorgehen gegen die Ordnungsverfügung des Landrates vonnöten. Diese jüngste Runde der ideellen Aufrüstung, die von den Behörden gegen uns angestrengt wurde, machte es unerlässlich, rechtlichen Beistand in Anspruch zu nehmen. Ich beauftragte eine renommierte Rechtsanwaltskanzlei aus Berlin mit der Erhebung eines formellen Widerspruches gegen die Ordnungsverfügung vom 29. Februar 1996, in der wir nochmals unsere rechtlich schlüssige Argumentation darlegten und die zurückliegenden Ereignisse im Detail schilderten.

Nach wie vor von der unerschütterlichen Hoffnung beseelt, die zuständigen Behörden würden sich einer für alle tragbaren und vernünftigen Lösung nicht verschließen, machten wir mit Nachdruck deutlich, dass es keine rechtlichen und auch rationalen Gründe dafür gab, unserem Schwarzbier den Status eines „besonderen Bieres" zu verweigern, und belegten dies eindeutig anhand der geltenden Gesetzestexte. Fazit: Eine entsprechende Ausnahmegenehmigung war nicht nur statthaft, sondern hätte rechtlich unbedingt erteilt werden müssen! Andernfalls wären für eine Ablehnung nur andere als rechtliche Gründe – z. B. wirtschaftliche – in Frage gekommen, doch hier hätten sich die Behördenvertreter in einen Begründungsnotstand begeben und dies sollte offenbar unbedingt vermieden werden.

Damit die Absurdität der bisherigen behördlichen Entscheidungen in noch hellerem Lichte erstrahlen konnte, fügten wir dem Widerspruch ein Gedankenspiel bei: Würde die Neuzeller Klosterbrauerei ihr Schwarzbier im Ausland (Polen; Belgien o. Ä.) produzieren – wo es zweifellos verkehrsfähig wäre – und dann nach Deutschland importieren, so würde dies keinerlei Beanstandungen unterliegen. Nur wäre dann ein weiteres traditionsreiches deutsches Unternehmen aus einer strukturschwachen Region verschwunden und über 30 Arbeitsplätze mit ihm! Alle diese Probleme hätten mit einer einzigen Verwaltungsentscheidung von fünf Zeilen vom Tisch gefegt werden können.

Um der drohenden Einrostung der behördlichen Mühlen entgegenzuwirken, ergänzte ich den Widerspruch mit einem erneuten Antrag – der insgesamt fünfte seit 1993! – auf Erteilung einer Ausnahmegenehmigung für unser Neuzeller Schwarzbier an das Landwirtschaftsministerium in Potsdam. Ich wies zusätzlich auf die inzwischen in unserer Brauerei eingeführten technischen Weiterentwicklungen hin, die das Veredelungsverfahren des Schwarzbieres und damit die Reinheit des Brauprozesses insgesamt noch einmal deutlich verbesserten. Insbesondere konnte durch eine feinere Dosierungsmöglichkeit der Anteil des Süßungsmittels Invertzuckersirup – der eigentliche Gegenstand des Streites – weiter verringert werden, ohne den Charakter des Bieres zu verändern.

Diesmal unterließ ich es nicht, den Landrat unseres Kreises, Dr. Schröter, in die Bemühungen der Klosterbrauerei um die wirtschaftliche Entwicklung der Region einzubeziehen. Ich klärte ihn über den aktuellen Sachstand auf und bat um seine Unterstützung für unseren Antrag, da ich seiner Person ein besonderes Interesse für unser Anliegen unterstellte. Seine Reaktion kam recht kurzfristig. Er sagte uns seine persönliche Unterstützung zu, bekundete aber gleichzeitig, dass er leider nicht die Möglichkeit habe, eine für uns günstige Entscheidung herbeizuführen. Im Übrigen war uns Dr. Schröter stets wohlgesonnen und unterstützte die Klosterbrauerei, wo immer er konnte. Der Landrat machte nie einen Hehl daraus, dass er unser Schwarzbier für richtiges Bier hielt. Ein treuer Botschafter unseres Anliegens, derer wir wahrlich mehr bedurft hätten.

Gegen die Windmühlen ...

Es war einmal ein armer Ritter, der in verrosteter und verbeulter Rüstung, mit einer Rasierschüssel auf dem Kopf und einem Besenstiel als Lanze in der Hand auszog, um gegen Windmühlen zu kämpfen. Wie Don Quichotte, jener berühmte „Ritter von der traurigen Gestalt", begann ich mich zu fühlen. Während mich bisher stets die Hoffnung aufrecht hielt, dass die bessere Argumentation auch bei den Behörden einen konstruktiven Denkprozess in Gang setzen würde, der zu einer Revision der bisherigen starren Haltung führen könnte, musste ich mich Anfang April 1996 endgültig eines Besseren – oder Schlechteren – belehren lassen. Die Windmühlen der Bürokratie begannen übermächtig zu werden. Auch unser jüngster Antrag auf Erteilung einer Ausnahmegenehmigung wurde abgelehnt.

Hätte es mich noch versöhnlich gestimmt, wenn sich die ablehnenden Behörden bemüht hätten, auf unsere Argumentation einzugehen, so ließ mich das jüngste Schreiben von Dr. Desselberger beinahe meine Fassung verlieren. Wieder wurde die Ablehnung mit denselben dürren Argumenten wie bisher begründet. Wieder berief sich das Ministerium auf jenen Paragraphen in den Durchführungsbestimmungen zum „Vorläufigen Biergesetz", nach dem die Herstellung von untergärigem Bier mit Zuckerzusatz nicht statthaft sei. Und wieder ignorierten die für die Entscheidung Verantwortlichen beharrlich die Tatsache, dass sich diese Ausführungsbestimmung expressis verbis gerade nicht auf die berühmte Ausnahmeregelung des Biergesetzes bezog. Warum die Herren hier mit einer an Sturheit grenzenden Ignoranz nicht zur Kenntnis nehmen wollten, dass das Biergesetz Ausnahmen zulassen wollte, um die Herstellung von Bierspezialitäten wie die unsere möglich zu machen, wollte mir nicht in den Kopf.

Angesichts der realitätsfernen Sturheit der Behörden kamen mir selbst Zweifel, ob mein Geist sich nicht langsam zu verwirren begann. Ritt ich, wie Don Quichotte, in geistiger Umnachtung verzweifelt gegen Windmühlen an? Waren wir am Ende doch im Unrecht?

Wie unbegründet meine Bedenken waren, ging mir aber sehr schnell auf. Standen wir mit unserer Auffassung der Dinge doch nicht allein. Da waren zwei Gutachten renommierter Institute, die unsere Argumentation uneingeschränkt stützten. Und auch die eingehende rechtliche Prüfung unseres Anwaltes ließ keinen anderen Schluss zu, als dass wir uns auf der richtigen Seite befanden. Jetzt trat noch eine dritte, gewichtige Stellungnahme hinzu, die mich umso entschlossener werden ließ, den Kampf gegen die Windmühlen der Bürokratie weiterzuführen. Das angesehene Berliner Institut des akkreditierten Sachverständigen Dr. Scheutwinkel bescheinigte uns, dass wir mit der Beurteilung der Sachlage völlig richtig lagen:

1. Das Neuzeller Schwarzbier ist ein „besonderes Bier" im Sinne des Gesetzes.
2. Die Durchführungsbestimmungen des Vorläufigen Biergesetzes stehen der Erteilung einer Ausnahmegenehmigung nicht im Wege.
3. Die Ablehnung der Erteilung einer Ausnahmegenehmigung durch das Landwirtschaftsministerium ist nicht nachvollziehbar und rechtlich fragwürdig.

Ein klareres Votum war nicht vorstellbar, um unseren Kampfgeist noch einmal nachhaltig zu stärken. Alle uns bisher bekannt gewordenen, offiziellen und inoffiziellen Expertenmeinungen sprachen für uns und ließen keinen anderen Schluss zu, als dass die Haltung der zuständigen Behörden nur auf ein gerüttelt Maß an Rechthaberei und Sturheit zurückzuführen war.

So gewappnet, konnte ich mir den Vergleich mit dem armen Ritter getrost gefallen lassen. Unsere Rüstung war stark und glänzend, unsere Waffen geschärft. Der nächste Schritt zur Durchsetzung unserer rechtmäßigen Ansprüche konnte nur sein, die endgültige Klärung des drei Jahre andauernden Streites durch eine gerichtliche Entscheidung zu suchen. Also 'ran an die Windmühlen!

Mit Vergnügen bat ich unseren Rechtsanwalt, das erfreuliche Gutachten von Dr. Scheutwinkel an den Landkreis Oder-Spree weiterzuleiten. Es konnte nicht schaden, unseren Beamten einmal mehr deutlich zu machen, dass sie sich gründlich auf dem Holzwege befanden. Vielleicht würde es ihnen die Augen öffnen und erstarrte Verwaltungsgehirne auftauen.

Gleichzeitig machte ich mir Gedanken darüber, wo wir weitere Verbündete für den Sturm auf die Windmühlen der Bürokratie gewinnen konnten. Ich wiederholte meinen Appell an unseren Landrat Dr. Schröter, angesichts der anhaltenden Sturheit der Landesbehörden unser für die Region so wichtiges Anliegen zu unterstützen. Und da es immer günstig ist, den Ehrgeiz unserer Politiker etwas anzustacheln, versäumte ich nicht, die oppositionellen Christdemokraten in unsere strategischen Überlegungen einzubeziehen, indem ich in einem eindringlichen Schreiben unser Anliegen dem CDU-Bundestagsabgeordneten Junghanns schilderte. Darüber hinaus erschien es mir als gute Idee, auf eine gesunde Konkurrenz innerhalb der Landesregierung selbst zu setzen. Deshalb nahm ich mir die Freiheit, auch Minister Meyer, verantwortlich für das Ressort Stadtentwicklung, Wohnen und Verkehr, über den neuesten Sachstand unserer Bemühungen für die Fortentwicklung der Region zu unterrichten. Konnte es doch gerade dem Verkehrsminister nicht egal sein, dass unsere Brauerei als erstklassiger touristischer Anziehungspunkt in Brandenburg im vergangenen Jahr (1995) 12 000 Besucher zu verzeichnen hatte. Die Jahresproduktion betrug jetzt schon 35 000 Hektoliter Bier! Es sollte mit dem Leibhaftigen zugehen, wenn sich nicht Kollege Zimmermann vom Landwirtschaftsministerium von solch knallharten Argumenten erweichen ließe.

Inzwischen war unser anwaltlicher Widerspruch gegen die Ordnungsverfügung der Lebensmittelüberwachung des Landkreises Oder-Spree vom Februar 1996 so schlagkräftig gewesen, dass sich die Herren Bürokraten nicht etwa zum Einlenken, sondern zu einer Gegenreaktion entschlossen. Wieder wurden jene Häscher in die

Welt gesandt, die seinerzeit bereits die Flaschen unseres Neuzeller „Schwarz…." aus den Regalen der Märkte entführt hatten, um das Getränk in seine Bestandteile zu zerlegen. Aber diesmal hatten es die Amtsleute nicht auf unser Schwarzbier abgesehen, sondern waren hinter den anderen Getränkespezialitäten unseres Hauses her. Sollte sich hierbei nicht etwas für eine amtliche Beanstandung Geeignetes finden? So nahm sich die kleinliche Rachlust der aufgebrachten Aktenspezialisten neben unserem Malzbier jetzt die beliebte Bierspezialität „Bibulibus" zur Brust. Es handelt sich um ein helles, ungefiltertes Kellerbier, das nach einem Neuzeller Mönch benannt ist, der gemäß der Überlieferung als Erster die alten Bierrezepturen des Klosters aufschrieb und dankenswerterweise der Nachwelt übermittelte.

Unerfreulich war die Reaktion der Lebensmittelchemiker. Nachdem sie die edlen Getränke mit wissenschaftlicher Akribie in ihre Bestandteile zerlegt hatten, forschten sie so lange, bis sich doch etwas fand, was nicht dem Buchstaben der Verwaltungsvorschriften entsprach. Im Falle des „Bibulibus" mussten sie zugeben, dass alles so weit in Ordnung war. Nur der Alkoholgehalt wich ein wenig von der Norm ab – was auf einen Zufall zurückgeführt werden musste, denn unsere Laboruntersuchungen ergaben einwandfrei, dass der Alkoholgehalt des Bieres stimmte. Zwar mäkelten sie auch an der „Phantasie"-Bezeichnung des Bieres herum, stürzten sich aber diesmal auf das harmlose Malzbier. Bei diesem Produkt verhielt es sich ähnlich wie beim Schwarzbier. Auch hier setzten wir zur Geschmacksveredelung eine kleine Menge Süßstoff (Saccharin) zu, der nach Auffassung der Gesetzeshüter nicht zulässig war. Aus diesem Grunde hatten wir seinerzeit ebenfalls – mit ausdrücklicher Zustimmung der Lebensmittelbehörde – die Bezeichnung „Bier" auf den Etiketten fortgelassen. Der Leser kann sich denken, was nun folgte! Dasselbe Spielchen wie mit dem Schwarzbier wiederholte sich buchstabengetreu am Objekt Malzbier. Die Etiketten waren plötzlich nicht mehr verkehrsgemäß, da die Bezeichnung „Malztrunk" und die Aufmachung der Flaschen keinen Zweifel daran lassen würden, dass es sich bei dem Trunk um Malzbier handele usw. usw. Fazit: auch unser wohlschmeckendes Malzbier stand jetzt auf der Abschussliste der erzürnten Behördenvertreter.

Warum dies? Ganz einfach, unser Widerspruch gegen die Ordnungsverfügung bezüglich des Schwarzbieres hatte Erfolg gehabt: Am 22. April 1996 erreichte mich die Mitteilung, dass die sofortige Vollziehung der Anordnung ausgesetzt würde. Dies bedeutete nichts anderes, als dass unsere Argumente stichhaltiger waren, als es die in ihrer starren Haltung beharrenden Behörden bisher zugaben. Ihre rechtliche Position war angreifbar. Ein deutlich positives Zeichen hinsichtlich der zukünftigen Schritte, die wir vorbereiteten. Bereits am 18. April hatte ich unseren Anwalt beauftragt, Klage beim Verwaltungsgericht Frankfurt/Oder gegen das Land Brandenburg wegen der notorischen Verweigerung einer Ausnahmegenehmigung für unser Schwarzbier einzureichen.

Es verwunderte nicht, dass sich der Behördenzorn einstweilen ein anderes Ventil suchte – in diesem Fall unser Malzbier. Wir mussten Ende 1996 die Bezeichnung in „Klostermalz" ändern. Warum jedoch der ursprüngliche Name „Malztrunk" auf Bier hindeuten sollte und die neue Bezeichnung nicht, blieb mir für immer ein Rätsel. Da beide Begriffe nicht auf Bier schließen ließen, hätte zum Schutze des Verbraucher keiner von ihnen genehmigt werden dürfen.

Die Dinge schienen in eine für uns günstigere Richtung zu laufen. Ich hielt jetzt die Zeit für gekommen, den ins Absurde abgleitenden Streit um das Schwarzbier einer breiteren Öffentlichkeit zugänglich zu machen. Denn fast nichts war bis dahin darüber in den Medien zu sehen, zu hören oder zu lesen gewesen. Da jedoch die Erfahrung zeigt, dass insbesondere die politische Klasse immer dann gewaltig in Bewegung gerät, wenn ein Problem in Radio, Fernsehen und Zeitung lebhaft diskutiert wird, entschloss ich mich, regelmäßige Presseerklärungen herauszugeben, Pressekonferenzen abzuhalten und die verschiedenen regionalen und überregionalen Medien zu animieren, über die „Brandenburger Bierposse" ausgiebig zu berichten. Ein Schritt, der sich bald für uns reichlich auszahlen sollte, denn das Presseecho war bereits nach kurzer Zeit überwältigend. Landauf, landab erschienen in den Tagesblättern bald kürzere oder längere Artikel, in denen sich die Journalisten mit launigen Worten über die „Bierposse" lustig machten. Von der „Märkischen Oderzeitung" bis zum „Berliner Tagesspiegel"; von der „Neuen Revue" bis zur „Bild"- Zeitung hallten die Redaktionen wider vom dröhnenden Gelächter über die borniete Sturheit der Behörden, die den Erfolg eines beliebten Bieres und damit ein erfolgreiches mittelständisches Unternehmen durch Paragraphenreiterei in seinem Bestand gefährdeten. Auch die Deutsche Welle berichtete weltweit; ebenso etliche ausländische Zeitungen und fast alle Fernsehstationen. Was mochten wohl die unzähligen Leser und Zuschauer über unser Deutschland denken?

„Potsdam sieht bei Schwarzbier rot"; „Nach 400 Jahren darf dieses Bier nicht mehr Bier heißen"; „Bier oder nicht Bier – das ist in Neuzelle die Frage"; „Keine Gnade für Neuzelle", „Was Bier ist, bleibt Bier"; „Wird der Klosterbrauerei in Neuzelle bald der Schwarzbier-Hahn zugedreht?" oder „Süßer Bierkrieg in Brandenburg" waren nur einige der Schlagzeilen, die in den folgenden Wochen die Zeitungen beherrschten. Das Unverständnis über die Sturheit der Verwaltung verbreitete sich über die Grenzen von Brandenburg und Berlin hinaus. Eine besonders launige Glosse sei an dieser Stelle zitiert. Sie zeigt deut-

lich, dass es bei der Beurteilung des Streites nicht immer „bierernst" zuging:

„Im roten Brandenburg soll bald niemand mehr von Schwarzbier blau werden können. Nicht etwa, weil es die Farbenlehre so verlangt, sondern Edwin Zimmermann, seines Zeichens Landwirtschaftsminister im unvereinigten Land. Das fragliche Schwarzbier kommt aus der Klosterbrauerei Neuzelle und wurde einst von Mönchen gebraut, die sich im milden Rausch das gottgeweihte Leben versüßten. Weil aber Gottes Gesetze andere sind als die des bayrischen Kurfürsten, woran nur der bayrische Kurfürst zu zweifeln wagte, besteht das Neuzeller Schwarzbier aus vier Zutaten statt aus drei. Das aber widerspricht dem Reinheitsgebot von 1516, das immer noch gilt, aber leider nur für Bier und nicht für Autobahntoiletten. Das Neuzeller Schwarzbier wird nun jedoch noch mit Sirup etwas vollmundiger gemacht, und damit ist es verfälscht, verschnitten und überhaupt nicht mehr so jungfräulich rein, wie es der deutsche Bierbauch zu genießen hat. Edwin Zimmermann spricht nun zu dem einzigen brandenburgischen Schwarzbier: Du bist gesetzeshalber kein Bier und musst fortan alkoholisches Schaumwasser dunkler Farbe oder schwärzliche Gerstengärung heißen oder was auch immer. Die Neuzeller Brauer sind nun schier verzweifelt über so viel Paragraphenfetischismus und sehen schwarze Zeiten heraufziehen für ihr Schwarzbier, denn kein Mensch wird in später Stunde mit schwerer Zunge noch gern was anderes bestellen wollen als eben Schwarzbier, das sich bekanntlich prächtig lallen lässt. Sollen wirklich hunderte Arbeitsplätze im nicht eben mit Arbeitsplätzen gesegneten Ländle flöten gehen, nur weil ein Löffel Sirup dagegensteht? Sollen die Neuzeller Brauer in den Untergrund gehen, und in heimlichen Schuppen ihr Schwarzbier schwarzbrauen? Wäre es denn nicht möglich, das Neuzeller Gebräu als Schwarzbier in Anführungsstrichen unter die Leute zu

bringen, vom dem man dann eine Schwarzbierfahne in Anführungsstrichen bekommt? Oder wird die deutsche Reinheit über die deutsche Einheit siegen?"

Bei so viel humoristischem Schwung wollten auch Radio und Fernsehen nicht zurückstehen. Es wurden Beiträge zum Bierstreit in allen wichtigen Sendern des Landes verbreitet und in keinem kamen die Vertreter der Landes- und Kreisbehörden besonders gut weg. Anfang Juni 1996 bekam ein Sprecher des Potsdamer Landwirtschaftsministeriums die Gelegenheit, die offizielle Position seiner Behörde in einem Radiointerview bei dem Sender „UKW 94,3" zu erläutern. Befragt, warum denn der Klosterbrauerei um Himmels willen die Ausnahmegenehmigung so beharrlich verweigert werde, konnte sich der für diese Blamage ausgewählte Ministeriumsvertreter in seiner Hilflosigkeit nur auf die Kollegen von zwölf anderen Landesbehörden berufen, die der gleichen Meinung seien wie er und sein Minister, dass eben eine Ausnahmegenehmigung für das Neuzeller Schwarzbier nicht erteilt werden könne. Eine erschöpfendere Begründung als diese war kaum denkbar. Es folgte als erspießlicher Höhepunkt der Rat an die Neuzeller Klosterbrauerei, einfach den süßen Zusatz aus dem Bier wegzulassen, dann sei die ganze Sache erledigt und die Zukunft des Unternehmens gesichert. Wer hätte das gedacht. Ein dreifaches Hoch auf die Fähigkeit solcher Beamten!

Angesichts der in dieser Intensität nicht zu erwartenden Resonanz der Medien machte ich mir Gedanken über die Chancen der weiteren Öffentlichkeitsarbeit unserer Brauerei. Für Ende Juli plante ich eine große zentrale Pressekonferenz in Berlin, wo neben der Information über die aktuellen Entwicklungen im Bierstreit zwei von uns entwickelte witzige Hörfunkspots sowie ein originelles Protestlied von Künstlern aus der Region mit dem Titel „Give Beer A Chance" präsentiert werden sollten. Darüber hinaus bereitete ich eine Sonderauflage unseres

Neuzeller Schwarzbiers mit der limitierten Etikettierung als „Brandenburger Amtsposse Jahrgang 1996" vor; eine Rarität, die bei Bierliebhabern aus nah und fern später reißenden Absatz finden sollte.

Der Schwarze Abt kommt wieder!

Tief war die Gruft, dunkel das Grab,
in dem Abt Hermann selig lag.
Sechs hundert Jahr' schon währt die Ruh,
Die nun zu End sich neigt im Nu.

Ein lauter Krach erhebt sich plötzlich,
von oben dringt der Sturm entsetzlich
bis tief hinunter an den Sarg,
der lang den tiefen Schlummer barg.

„Was ist 's, das so gemein mich stört,
Sind 's die Posaunen die man hört,
Des Jüngsten Tages und Gerichtung,
die nun mich rufen zur Vernichtung?

Doch nein, es sind der Menschen Stimmen,
die diesen Lärm hier heut beginnen.
Ein lauter Streit dringt an mein Ohr,
viel lauter noch als jeder Chor,
den lebend ich vernehmen musste.
Wenn ich, worum es geht, nur wüsste!
Was soll's, der süße Schlaf ist hin,
So steh ich auf und schau mich um!"

Seine süße Ruh war tatsächlich dahin. Abt Hermann – der „Schwarze Abt" – rüttelte ärgerlich an den morschen Brettern, die ihn viele hundert Jahre umgeben hatten, und erhob sich aus seinem Grab. In der dunklen Gruft stieß er sich wohl mehrmals den Kopf und fluchte, dass sich die Balken bogen. Dann besann er sich aber schnell, und die Erinnerung kehrte zurück. Fluchen durfte er nicht, denn er war ja Geistlicher. Aber wer wagte es, ihn aus dem ewigen Schlaf zu reißen? Hatte er sich seine Ruhe nicht mühsam genug verdient? Wütend schüttelte er die Faust nach oben, woher die lauten Stimmen kamen. „Was streiten die Leute! Muss ich erst persönlich wiederkommen, um die Brüder zur Räson zu bringen? Alles muss man selber machen. Es ist zum Verzweifeln. Na gut, dann wollen wir einmal sehen. Wo war noch der Ausgang? Ach ja, hier. Schließlich werde ich mich doch in meinem eigenen Kloster auskennen." Schnell war die Tür gefunden und aufgebrochen. „Ja, die Kraft reicht aus, nach so vielen Jahren. Das gute Klosterbier wirkt noch ordentlich nach. Nur das Licht stört ein wenig. Jedenfalls beruhigend zu sehen, dass das alte Gemäuer noch in Ordnung ist. Und jetzt noch die Treppe hoch bis in den Kreuzgang. Und dieser Lärm! Nur noch ein paar Schritte und ich bin oben. Da bin ich schon. Mal sehen, woher der Streit kommt!"

Wir schreiben das Jahr 1996 und der alte Schwarze Abt ist ins Diesseits zurückgekehrt.

Die Belegschaft meldet sich zu Wort

Am 9. Mai 1996 erging die Klageschrift gegen das Land Brandenburg an das Verwaltungsgericht in Frankfurt an der Oder. Unser Antrag war so bekannt wie einfach: Wir begehrten die Ausnahmegenehmigung nach dem „Vorläufigen Biergesetz" für unser Neuzeller Schwarzbier. In der Begründung machten wir deutlich, dass wir uns in erster Linie als Opfer behördeninterner Widersprüchlichkeiten sahen, und schilderten detailliert den Hergang der Ereignisse seit dem Jahre 1993, in dem unser erster Antrag an das Landwirtschaftsministerium ergan-

gen war. Wir verdeutlichten den von drei unabhängigen Gutachten bestätigten Anspruch auf Anerkennung unseres Neuzeller Schwarzbieres als „besonderes Bier" getreu den gesetzlichen Bestimmungen. Wir legten dar, dass die von den Behörden immer wieder als Ablehnungsgrund herangezogenen Durchführungsbestimmungen des Biergesetzes auf die Entscheidung der Erteilung einer Ausnahmegenehmigung eindeutig nicht anwendbar waren. Zudem wiesen wir auf die zahlreichen Widersprüche hin, in die sich die Verwaltung bei ihren jeweiligen Ablehnungsbescheiden verwickelt hatte – insbesondere im Zusammenhang mit den Absprachen über eine neue Etikettierung und Benennung unseres Bieres. Und wir lenkten die Aufmerksamkeit des Gerichtes auf die Tatsache, dass die Nichterteilung einer Ausnahmegenehmigung den Konkurs unseres Unternehmens mit dem Verlust von 35 Arbeitsplätzen in einer strukturschwachen Region zur Folge haben würde. Mit Spannung erwarteten wir die Entscheidung des Gerichtes, mit der aber nicht mehr im Laufe des Jahres 1996 zu rechnen war.

Inzwischen hatte der Bierstreit nicht nur in den Medien für Wirbel gesorgt. Auch in der Belegschaft unseres Unternehmens gärte es gewaltig. Waren die Kollegen doch diejenigen, die als Erste zu leiden hatten, wenn sich die Behördensturheit am Ende durchsetzte. Da das Arbeitsklima in unserer Brauerei von Beginn meiner Tätigkeit an das allerbeste war, bestand kein Zweifel darüber, dass Geschäftsführung und Mitarbeiter in dieser für uns alle existentiellen Sache an einem Strang ziehen würden. Nahe liegend wäre, dass eine sozialdemokratisch geführte Landesregierung besonderes Verständnis für die Sorgen der Arbeitnehmer haben müsste. Aber wie so vieles in der Politik, so war auch diese Vermutung frommes Wunschdenken. Die Belegschaft konnte nicht tatenlos zusehen. Dass die Erhaltung von 35 Arbeitsplätzen in Neuzelle offensichtlich weit unter den formellen Aspekten bürokratischer Paragraphenverliebtheit rangierte, wollte sie nicht hinnehmen. Meine Mitarbeiter griffen gemeinsam zur Feder und formulierten ein eindringliches Schreiben an Ministerpräsident Dr. Stolpe, in welchem die Sorge um die Arbeitsplätze im Mittelpunkt stand. Nachdrücklich betonten die Kollegen, wie stolz sie auf den Erfolg ihrer Produkte seien. Insbesondere das Schwarzbier erfreue sich steigender Beliebtheit, wie ihnen von Kunden, aber auch Freunden und Bekannten aus der Region immer wieder versichert würde. Niemand könne verstehen, wieso sich der Ministerpräsident samt seinen Kabinettskollegen – besonders Landwirtschaftsminister Zimmermann – nicht der gerechten Sache der Klosterbrauerei Neuzelle annehme. Oder sollte das öffentliche Wohlwollen nur eine mediengerechte Inszenierung gewesen sein? An so viel Spitzbübigkeit wollten unsere Mitarbeiter nicht glauben und appellierten an den guten Willen aller politisch Beteiligten, den Streit im Sinne des gesunden Menschenverstandes beizulegen.

Ebenso wie unsere Klageerhebung fand auch das Schreiben der Belegschaft, das Anfang Juni in Potsdam veröffentlicht wurde, in der Presse große Resonanz. Weniger Widerhall kam aus der Staatskanzlei. In einem dürren Antwortschreiben teilte ihr Leiter, Dr. Rogall, den Kollegen mit, dass der Ministerpräsident das Schreiben „mit großem Interesse" gelesen habe, eine Antwort jedoch erst nach Prüfung der Angelegenheit erfolgen könne. Leider hat es Dr. Stolpe auch später nicht für nötig erachtet, den Sorgen der Neuzeller Bierbrauer ein persönliches Signal der Anteilnahme zu übersenden – oder klarer: Er hat das Schreiben nie beantwortet. Dabei ist der verehrte Landesvater bei weitem nicht immer so zurückhaltend gewesen. Bei einem Besuch in Neuzelle hatte er noch 1994 folgende Worte gefunden:

„Ich möchte Ihnen symbolisch den Schirm des Landes Brandenburg überreichen und Ihnen bestätigen, dass die Klosterbrauer unter dem Dach Brandenburgs ihren Platz haben! Hier wird ein himmlisches Getränk gebraut, ein Markenzeichen für den wirtschaftlichen Aufschwung in unserem Land."

War es ein Zufall, dass er nicht „Bier" sagte? Jedenfalls hat die Sache mit dem Schirm nicht lange vorgehalten. Immer noch standen die Neuzeller Bierbrauer im Regen.

Statt des Landeschefs fühlte sich Minister Edwin Zimmermann bemüßigt, der Neuzeller Belegschaft in einem offenen Brief zu erklären, dass alles doch nur ein Missverständnis sei. Niemand wolle das Schwarzbier „vom Markt verdrängen" oder die Arbeitsplätze gefährden. Es ginge lediglich darum, die Bierherstellung „auf die gesetzlichen Grundlagen" zu stellen. Und ein Zusatz von Zucker zu untergärigem Bier sei prinzipiell nicht möglich. Es war wieder die alte Leier! Danach folgten die bekannten Vorschläge des Ministeriums, entweder auf den Zucker zu verzichten oder das Bier unkenntlich zu machen. Wobei der Minister hinlänglich wusste, dass beides für uns nicht in Frage kommen konnte, da Ersteres die Schwarzbierspezialität als solche erledigen würde und Letzteres einer vorsätzlichen Täuschung der Verbraucher gleichkam. Für uns war das nicht diskutabel. Von einem Entgegenkommen also keine Spur!

Zwischendurch war folgerichtig auch die Gegenklage des Ministeriums beim Verwaltungsgericht eingegangen (17. Juni 1996) und mit Spannung sah die Öffentlichkeit dem Ausgang dieses Rechtsstreites entgegen.

Streit gab es mittlerweile auch auf parlamentarischer Ebene. Die Opposition im Potsdamer Landtag, eingehend über den Bierstreit informiert, schritt zur Tat. Jeder kann sich vorstellen, dass sich angesichts des sehr dankbaren Possenstoffes die CDU die Gelegenheit nicht nehmen ließ, dem Gegner auf der Regierungsbank einmal gehörig den Marsch zu blasen. So kam es noch im Juni 1996 zu einer Anfrage der CDU-Fraktion an den Landwirtschaftsminister, in der mit ironischen Bemerkungen, aber auch harschen Vorwürfen nicht gespart wurde. Die Opposition forderte den Ressortchef nicht nur mit eindringlichen Worten auf, etwas für die Rettung der Neuzeller Klosterbrauerei zu unternehmen und die umstrittene Ausnahmegenehmigung zu erteilen, sondern äußerte auch offen den Verdacht einer möglichen Verschwörung durch die westdeutsche Bierlobby. Offenbar liege dort starkes Interesse an der Schließung der unliebsamen Neuzeller Konkurrenz. Zudem würden zahlreiche Leihbeamte aus dem Westen im Zimmermann-Ministerium am gleichen Strang ziehen und eine Klärung des Streites hintertreiben. Wahrlich starker Tobak, der im Hohen Haus aufs Tableau kam! Es bedarf wenig Phantasie, um sich die wutschnaubende Reaktion des auf diese Weise Angegriffenen vorzustellen.

Ich entsann mich daraufhin des Anrufes eines Ministerialbeamten aus dem Potsdamer Agrarministerium im Jahre 1994, der mir mitgeteilt hatte, dass ich mit einer positiven Entscheidung rechnen konnte. Die Erinnerung daran bestätigte mich in dem oben geäußerten Verdacht umso mehr, als dann später doch die Ablehnung kam.

Angesichts des heftig tobenden Kampfes auf allen Ebenen wollten sich auch die Beamten der unteren Verwaltungsebenen nicht lumpen lassen. Es war der Eindruck entstanden, dass die Amtsleute dort in sanften Schlummer gefallen wären, denn auf unseren Widerspruch gegen die Ordnungsverfügung des Lebensmittelüberwachungsamtes im Kreis Oder-Spree vom Februar war seit Monaten nichts zu hören. Wahrscheinlich wurde dort auch Zeitung gelesen und ferngesehen oder Radio gehört und bestürzt zur Kenntnis genommen, wie schlecht die Bürokratie in den einschlägigen Beiträgen zum Thema „Bierstreit" weggekommen war. Deshalb entwickelten die wackeren Bürokraten eine umso rastlosere Tätigkeit und hoben zunächst die alte Ordnungsverfügung auf, nicht ohne einige Tage später eine neue Ordnungsverfügung – damit alles seine Ordnung habe – zu erlassen. Diesmal hatten sie die Absicht, schnell vollendete Tatsachen zu schaffen. Der Neuzeller Klosterbrauerei wurde zum 1. Oktober 1996 endgültig untersagt, das Neuzeller Schwarzbier – bei der Gelegenheit auch gleich das Malzbier – in Verkehr zu bringen. Auch vergaß die beamtliche Akribie nicht die erneute Androhung eines Zwangsgeldes. Dabei nahmen die Beamten nicht zur Kenntnis, dass der vorliegende Sachverhalt Gegenstand eines Rechtsstreites war, dessen Entscheidung abgewartet werden musste. Überflüssig zu sagen, dass wir auch gegen die neue Verfügung Widerspruch einlegten. Doch war die Behörde nicht bereit, so viel Fairness walten zu lassen und den bisher geduldeten Zustand so lange aufrechtzuerhalten, bis das Verwaltungsgericht eine endgültige Entscheidung getroffen hatte. Wir erreichten lediglich, dass die Frist der Untersagung bis zum Jahresende 1996 verlängert wurde. Dabei stellte sich für uns die Frage, wie zu verfahren sei, falls, wie zu erwarten, nach Ablauf der Frist noch kein Gerichtsurteil vorliegen würde. Wir fanden keine sofort schlüssige Antwort.

Eine wohlschmeckende Amtsposse ...

Während im Verlaufe des Sommers die Situation nicht einfacher, sondern immer komplizierter wurde, erfreuten wir uns nach wie vor reger Anteilnahme der Presse an unserem Kampf gegen die Windmühlen der Bürokratie. Und da Trommeln bekanntlich auch zum Handwerk des Unternehmers gehört, trommelte ich am 24. Juli 1996 so viele Pressevertreter wie möglich zu einer großen Pressekonferenz zusammen, die „auf neutralem Boden" in einem Berliner Lokal stattfand. Und siehe da, (fast) alle, alle kamen. Es fanden sich die Journalisten zahlreicher großer und kleiner, regionaler und überregionaler Zeitungen, von Radio- und Fernsehsendern sowie interessierte Vertreter aus Politik und Wirtschaft ein. Dem gespannten Publikum gab ich zunächst einen kurzen Überblick über den aktuellen Sachstand in unserem Bierstreit mit den Behörden und kündigte nicht ohne theatralische Geste an, im Notfall bis vor den Europäischen Gerichtshof zu ziehen, um unser Recht durchzusetzen.

Um deutlich zu machen, dass wir im Gegensatz zu den drögen Vertretern der Bürokratie in unserem Lande den Humor ganz und gar nicht verloren hatten, präsentierte ich eine ganze Reihe brandneuer Elemente unserer medienwirksamen Kampagne – eine Plakataktion, verbunden mit der Veröffentlichung von zwei witzigen Radiospots, in denen sich ehrwürdige Nonnen, allesamt Anhängerinnen des guten Schwarzbieres, über die Kurzsichtigkeit der Verwaltung echauffierten. Für Liebhaber der Kleinkunst hier eine Kostprobe:

Oberin: Schwestern, wir dürfen unser Schwarzbier nicht mehr Bier nennen.

(Gemurmel, Entsetzen der Nonnen: Oh Gott, Heiliger Vater, nein, wie soll das nun weitergehen usw.)

Nonne: Aber Mutter Oberin, wir haben doch den allerhöchsten Segen für unser einzigartiges Schwarzbier.

Oberin: Das stimmt, Schwester Genoveva, doch ein Brandenburger Ministerium will unserer paradiesisch-lieblichen Spezialität den weltlichen Segen verweigern.

Nonne: Aber wir haben doch immer brav unsere Biersteuer gezahlt, und das für ein Bier, das nicht Bier heißen darf? SO EINE SAUEREI!

Oberin: Genoveva, mäßige dich. Unser Ministerium wird auch dieses Problem lösen. Schließlich haben unsere Beamten ja Erfahrung damit.

Nonne: Ich will aber nicht auf mein geliebtes Schwarzbier verzichten!
Nonnen: Wir auch nicht!!
Chor: Das Neuzeller Schwarzbier – paradiesisch – lieblich – gut.
Auch die Verehrer der Sangeskunst kamen nicht zu kurz. Es erscholl das Lied brandenburgischer Künstler, die sich mit starken Versen und lauter Stimme unter dem Motto „*Give Beer A Chance*" für die Interessen der vereinigten Bierliebhaber in der ganzen Welt einsetzten.
Höhepunkt der Veranstaltung bildete die Proklamation von 95 Thesen, die ich anlässlich des Lutherjahres 1996 als „Mahnruf eines brandenburgischen Unternehmers" verfasst hatte. Weit davon entfernt, mich mit dem großen Reformator zu messen, hatte ich mir das Ziel gesetzt, die hiesigen Verantwortlichen in Politik und Verwaltung einmal gründlich an ihre Pflichten gegenüber dem Bürger und der klein- und mittelständischen Wirtschaft zu erinnern. Die drei auf den Bierstreit direkt bezogenen Thesen lauteten:
– *Die Behörden haben der Wirtschaft, nicht die Wirtschaft den Behörden zu dienen.*
– *Mitarbeiter in Behörden und öffentlichen Verwaltungen sind Arbeitnehmer aller Bürger.*
– *Der lateinische Wortstamm des Wortes ‚Minister' bedeutet ‚dienen', nicht verdienen oder mit amtlicher Arroganz herrschen.*
Wem von den anwesenden Medienvertretern zu heiß war, der konnte sich zum Abschluss der Veranstaltung wieder abkühlen. Es folgte die offizielle Vorstellung und Verkostung einer Sonderausgabe unseres Neuzeller Schwarzbieres mit dem Titel „Schwarzbier, das kein Bier sein darf – Brandenburger Amtsposse, Jahrgang 1996", die in einer limitierten Auflage von 100 000 Flaschen produziert wurde und sich wenig später zu einem Geheimtipp unter Bierliebhabern und Sammlern entwickelte.

Falls Minister Zimmermann auf seinem Weg an den Arbeitsplatz an Zeitungskiosken vorbeigekommen sein sollte, wird er am Morgen des 25. Juli 1996 wenig erfreut gewesen sein:

„Im roten Brandenburg ist schwarzes Bier nicht erwünscht"; *„Neue Schlacht im Krieg um das Neuzeller Schwarzbier"* oder *„Ist in Potsdam Hopfen und Malz verloren?"* lachten dem interessierten Leser dort nur als die harmlosesten Schlagzeilen in Reaktion auf unsere Pressekonferenz entgegen. Etwas von der beißenden Druckerschwärze musste auch den verantwortlichen Herren des Landwirtschaftministeriums in die Augen gekommen sein, denn prompt folgte die verärgerte Erklärung des Zimmermann'schen Sprechers Jens-Uwe Schade: *„Eine Lex Neuzelle wird es nicht geben."* Da die beamtlichen Herrschaften in der Hitze des Bierkrieges ins klösterliche Latein abgeglitten waren, sei an dieser Stelle in unser gutes Deutsch zurückübersetzt: Mit der Ausnahmegenehmigung ist es ein für alle Mal nichts.

Diese Auffassung kannten wir seit langem und es konnte dieser erneute Ausbruch behördlichen Starrsinns nicht unsere Freude über die rundum gelungene Presseaktion verderben.

Bei so viel öffentlicher Flankenhilfe für die Neuzeller Brauerei durften die Brandenburger Behörden nicht zurückstehen, nach weiterer Verstärkung Ausschau zu halten. Eine willkommene Gelegenheit dazu tauchte Anfang August 1996 in Gestalt der „Zentrale zur Bekämpfung unlauteren Wettbewerbes" am Horizont auf. Bei dieser Einrichtung mit dem unfreundlichen Namen waren wie durch Zauberhand Etiketten unseres Schwarz- und Malzbieres aufgetaucht. In einem Abmahnungsschreiben dieser „Zentrale" wurde uns mitgeteilt, dass besagte Etiketten „aus Wirtschaftskreisen" vorgelegt worden seien. Diese geheimnisvollen Andeutungen ließen auf konspirative Hintergründe schließen. Im Klartext hieß das nichts anderes, als dass wir aus Kreisen der neidischen Konkurrenz denunziert worden waren.

Die Etiketten wurden beanstandet, weil auf beiden die Formulierung „veredelt durch Raffinade" zu lesen war. Die „Zentrale" störte sich an der „Veredelung" dergestalt, dass damit eine „Verbesserung" des Produktes gemeint sein müsse. Da der Zucker das Bier aber nicht verbessere, weil die beste Qualität schon allein durch die Einhaltung des Reinheitsgebotes gegeben sei, handele es sich um eine Irreführung.

Ich möchte nicht mit semantischen Spitzfindigkeiten langweilen, aber beeile mich hinzuzufügen, dass dies zwar in der Sache richtig war, die eifrigen Damen und Herren der „Zentrale" jedoch übersehen hatten, dass es sich bei ihren Vorlagen um veraltete Etiketten handelte, die bei uns nicht mehr in Verwendung standen. Schadenfreude? Nein, nur Mitleid. Ich tat den Spürhunden der „Zentrale" also den Gefallen und unterschrieb eine Unterlassungserklärung, wonach ich mich verpflichtete, die Formulierung „veredelt" auch zukünftig von nun an bis in alle Ewigkeit nicht mehr zu verwenden. Damit hatten diese Bürokratenseelen vorerst ihre Ruh' – aber Vorsicht war angebracht. Offensichtlich gab es genug „Interessenten", die versuchten, uns etwas ans Bein zu hängen. Wie sehr die Vermutung zutraf, zeigte die nahe Zukunft.

Der Verkauf unserer wohlschmeckenden „Amtsposse Jahrgang 1996" lief bereits auf Hochtouren und versprach, ein voller Erfolg zu werden. Weniger erfreulich waren die Nachrichten, die wir zu hören bekamen.

Zunächst teilte die von uns beauftragte Anwaltskanzlei aus Berlin mit, dass das Verwaltungsgericht in Frankfurt angesichts der großen Medienresonanz des Bierstreites und der im Raum stehenden Ordnungsverfügung eine erste mündliche Verhandlung unserer Klage bereits im September ansetzen wollte. Dies war zu begrüßen, jedoch ließ die Kammer bereits durchblicken, dass unser

Antrag abgelehnt wurde. Unsere Stimmung war erneut auf dem Nullpunkt. Zum anderen begann es im Bereich der Konkurrenz nicht nur in den Bierkesseln zu gären, worauf schon die Beanstandung unserer Etiketten hingedeutet hatte. Wurde auch die Ausnahmegenehmigung aus dieser Ecke hintertrieben? Der wirtschaftliche Erfolg unseres Unternehmens und die erhebliche Unterstützung durch die Öffentlichkeit hatten bei den Kollegen nicht ausnahmslos freudige Anteilnahme ausgelöst. Aus Pressemeldungen ging hervor, dass sich Vertreter der deutschen und Brandenburger Brauereiverbände unverblümt hinter die Position des Potsdamer Landwirtschaftsministeriums stellten und Front gegen unsere Klosterbrauerei machen wollten. Von einer Solidarität unter mittelständischen Unternehmen also keine Spur!

Woher der Wind wehte, machte ein Artikel des „Hamburger Abendblattes" vom 3. August 1996 deutlich, der so betitelt war: *„Störversuche aus dem Westen"*. Dort mutmaßten aufmerksame Beobachter, dass schon ein früherer (vergeblicher) Versuch einer großen bayerischen Brauerei, den Neuzellern den Begriff „Klosterbräu" verbieten zu lassen, auf wenig Wohlwollen der süddeutschen Konkurrenz hindeutete. Jetzt sah ich die Phalanx der westdeutschen Bundesländer gegen uns aufmarschieren. Hatte sich Minister Zimmermann bei seiner starren Haltung nicht ausdrücklich auf die Unterstützung seiner westdeutschen Kollegen berufen, von denen keiner bereit war, die Neuzeller Brauerei zu unterstützen? Auch der Vorwurf der Potsdamer CDU-Fraktion in Richtung westdeutscher „Leihbeamter" in den Ministerien des Landes, die angeblich im Interesse einer Bierlobby arbeiteten, stand weiter im Raum. „Nachtigall, ick hör dir trapsen", dachte ich mir echt berlinerisch und erhöhte die Aufmerksamkeit.

Tatsächlich ließ der nächste „Störversuch" nicht lange auf sich warten. Die Herrschaften der „Zentrale für die

Bekämpfung des unlauteren Wettbewerbs" und ihre Hintermänner aus den Kreisen unserer Konkurrenz gaben sich mit ihrem gescheiterten Versuch gegen die Neuzeller Brauerei nicht zufrieden. Nur so war die Zustellung einer weiteren Abmahnung zu erklären, die Mitte August auf meinem Schreibtisch landete. Wiederum war der „Zentrale" aus „Wirtschaftskreisen" etwas zu Ohren gekommen. Diese mysteriösen „Wirtschaftskreise" störten sich diesmal ganz gewaltig an jenem lustigen Radiospot, den ich bereits im Wortlaut vorgestellt habe. Der Text sei „sittenwidrig", weil er im Zusammenhang mit einer Firmenwerbung „Bezug auf einen laufenden Rechtsstreit" nehme. Mir wurde in langer Wirtschaftspraxis so mancher skurrile Vorwurf gemacht; dass ich jedoch „sittenwidrig" handelte, diesen Schuh musste ich mir nicht anziehen. Der Spot verwies an keiner Stelle auf das Gerichtsverfahren. Vielmehr wurden darin lediglich Meinungsverschiedenheiten zwischen uns und Minister Zimmermann thematisiert. Mit „Sittenwidrigkeit" hatte das nichts zu tun.

Mein Anwalt hatte sicher Recht, wenn er hinter dieser lächerlichen Aktion „interessierte Mitbewerber" vermutete, die „aber auch jeden Versuch unternehmen", seine Mandantin (die Brauerei, d. V.) „tot" zu machen. Wie der erste, so verpuffte auch der zweite „Versuch" der „Zentrale", uns an den Karren zu fahren, wirkungslos. Die Werbespots waren ausgelaufen und eine Wiederholung nicht geplant.

Wer meinte, wir würden angesichts solcher Widerstände den Kopf in den Sand stecken und abwarten, was passiert, hatte sich gründlich getäuscht. Wie es meinem Naturell entspricht, gingen wir auch diesmal wieder in die Offensive: Als Zeichen unserer unerschütterlichen Zuversicht in eine erfolgreiche Zukunft der Neuzeller Klosterbrauerei nahmen wir am 14. August 1996 eine neue Reinigungsanlage für Schwarzbierflaschen in Betrieb, für die eine Summe von 500 000 DM investiert worden war. Hierdurch wurde nicht nur die Reinigungskapazität auf 10 000 Flaschen pro Stunde erhöht, sondern auch die Umweltfreundlichkeit erheblich verbessert. Die neue Anlage sparte im Vergleich zum Vorgängermodell die Hälfte an Energie und Wasser ein. Ein weiteres deutliches Zeichen dafür, dass wir uns nicht von jenen beirren ließen, die unser Schwarzbier aus dem Markt werfen wollten!

Erste Eindrücke des Schwarzen Abtes

Und wie war es unterdessen dem Schwarzen Abt ergangen? Sie werden sich erinnern, dass der ehrwürdige Neuzeller Klostervorsteher vom lautstarken oberirdischen Streit über das Schwarzbier in seinem jahrhundertelangen Schlaf gestört worden war und verärgert seine Gruft verlassen hatte. Oben angekommen, war er erschrocken darüber, was aus seinem Kloster geworden war. Wo sind denn die Mönche abgeblieben? Und wie hier oben alles aussieht! Nach einer kurzen Erkundung der Umgebung konnte Abt Hermann immerhin beruhigt feststellen, dass nicht nur sein alter Klostergarten, sondern auch die Kirche noch vorhanden waren. Oh, sehr schön herausgemacht hatte sich das alte Gotteshaus. Die vielen Malereien und die geschmückten Seitenaltäre! Und der wunderbare Hochaltar! Auch die anderen Gebäude des Klosters befand er als gut gepflegt. Kreuzgang, Refektorium und Brüdersaal – alles noch da, nur leider ohne die Brüder. Seltsam. Die Menschen, die jetzt hier herumliefen, kamen Abt Hermann etwas merkwürdig vor. Was für Gewänder! Und die Sprache – war das noch das gute, alte Deutsch? So trat er aus der Kirche hinaus ins Freie und ging in Richtung Dorf. Hier würde sich vielleicht jemand finden, der ihm Auskunft über den fürchterlichen Lärm geben könnte, der ihn geweckt hatte. Was ist denn das für ein großes Gebäude? Das stand früher noch nicht hier. „K-L-O-S-T-E-R-B-R-A-U-E-R-E-I"? Komische Schrift da auf dem Schild. „Klosterbrauerei"! Na, das ist ja erfreulich. Die hat sich hier ja prächtig entwickelt. Keine Mönche mehr hier, aber die Klosterbrauerei gibt's noch. Das ist doch wenigstens was. Schau'n wir mal, ob es da herinnen noch einen guten Tropfen zu trinken gibt! Und ob es den dort gibt. Abt Hermann sollte sich wundern …

Auf nach Sachsen!
August der Starke tät sich freuen ...

„Auf hoher See und vor Gericht
sind wir in Gottes Hand ..."

Auf immer weniger Gegenliebe stieß die Neuzeller Klosterbrauerei mit ihrem Anliegen, eine jahrhundertealte Biertradition zu bewahren, im Kollegenkreise. Parallel zu den „Informationen", die aus „Wirtschaftskreisen" der „Zentrale gegen unlauteren Wettbewerb" zugesteckt worden waren, hatten sich Anfang August 1996 Vertreter verschiedener Brauereiverbände zusammengetan, um zum „Brandenburger Bierstreit" ausführlich Stellung zu nehmen. Überflüssig zu sagen, dass ihre Ausführungen sich vorbehaltlos ins Fahrwasser des Potsdamer Landwirtschaftsministeriums begaben.

„Es ist nicht einzusehen, warum eine einzelne Brauerei glaubt, dass für sie die Gesetze nicht gelten", ereiferte sich beispielsweise der Geschäftsführer des Deutschen Brauerbundes, Peter Stille, gegenüber einer Regionalzeitung und fuhr fort, dass er das Brandenburger Agrarministerium nur bitten könne, bei seiner Rechtsauffassung zu bleiben. Ins gleiche Horn stieß auch der Geschäftsführer des Berlin-Brandenburger Brauereiverbandes. Sein Kommentar: Hätte der Minister anders entschieden, wäre man „mit Sicherheit gegen diese Entscheidung gerichtlich vorgegangen". Bei so viel negativer Zuneigung verwunderte auch die Stellungnahme des Brandenburger Vorsitzenden des Deutschen Brau- und Malzmeisterbundes, Werner Pieper, nicht: Das Schwarzbier könne so vor 400 Jahren gar nicht gebraut worden sein – Zucker sei damals ein zu kostbarer Rohstoff gewesen, um ihn ins Bier zu schütten. Zudem wolle er jede Wette eingehen, dass er „dasselbe Bier in Farbe und Geschmack nur durch

Veränderungen im Malzgehalt und des Maischeprozesses" ohne Zucker herstellen könne. Anschließend verstieg sich der Hobbyhistoriker zu der These, dass im Jahre 1589 in Neuzelle „mit Sicherheit" auch schon das 1516 erlassene Reinheitsgebot befolgt worden sei.

Bei so viel geballter Fachkompetenz sollten uns die Knie weich werden. Die Gutachten aus renommierter Feder spielten bei den Kritikern keine Rolle. Auch in einem weiteren Punkt irrte der selbst ernannte „Experte mit 40-jähriger Berufserfahrung": das Reinheitsgebot war ein zunächst ausschließlich bayerisches. Andere Länder übernahmen es erst sehr viel später – so Baden im Jahre 1896, Württemberg 1900 und erst 1906 das gesamte Deutsche Reich, einschließlich des Königreiches Preußen.

In einer Presseerklärung machten wir nochmals deutlich, dass die Neuzeller Brauerei sehr wohl die Bestimmungen des Vorläufigen Biergesetzes achte und keine Gesetze breche. Aus jahrhundertelanger Tradition setzten wir etwas Süße hinzu, nachdem das Bier streng nach Gesetz gebraut war.

Dem Deutschen Brauerbund empfahlen wir, statt unbewiesene Behauptungen aufzustellen, besser seinen Einfluss dahingehend geltend zu machen, dass von Teilen der „sauberen" Brauwirtschaft die nach dem Reinheitsgebot eingesetzten Rohstoffe nicht weiterhin unter Täuschung des Verbrauchers durch technologische Eingriffe verändert wurden. Dabei wiesen wir auf einen gerade erst im „Spiegel" erschienenen Bericht hin, der den bezeichnenden Titel „Hopfen und Malz verloren" trug:

„Nach der gewonnenen Abwehrschlacht überlegten deutsche Brauingenieure, wie sie selber Bier haltbarer machen könnten. Sie kamen auf eine geniale Idee: Der Entzug bestimmter Stoffe fällt nicht unter das Reinheitsgebot. Also hat man dem Bier Eiweißstoffe entzogen und

es so auf Monate haltbar gemacht. Ein Trick, den niemand bemerkte. Dass man vom deutschen Flaschenpils heute leicht Sodbrennen bekommen kann, haben nur wenige Verbraucher auf das Bier zurückgeführt. Wenn keiner etwas merkt, wozu dann noch die Rücksicht auf Geschmack und Tradition?"

So viel an die Adresse der Funktionäre der deutschen Brauwirtschaft. Doch auch hier war das letzte Wort noch nicht gesprochen. Die nächste Runde des Kampfes um den Gerstensaft spielte sich auf der politischen Ebene ab. Am 28. August 1996 kam es zu einem denkwürdigen Schlagabtausch im Potsdamer Landtag, als die Opposition dem Landwirtschaftsminister anlässlich einer Plenarsitzung einige unangenehme Fragen stellte. Der Abgeordnete Helm (CDU) konfrontierte Minister Zimmermann mit dem Ablehnungsbescheid des Landkreises Oder-Spree zu unserem Widerspruch gegen die Ordnungsverfügung vom Juni 1996, wonach die Neuzeller Klosterbrauerei ab dem 1. Oktober des Jahres ihr Schwarzbier nicht mehr in Verkehr bringen durfte. Er stellte die berechtigte Frage, warum der Termin nicht bis zur Entscheidung des Verwaltungsgerichtes ausgesetzt worden sei.

Minister Zimmermann zog sich sehr geschickt aus der Affäre, indem er jeden Zusammenhang zwischen Ordnungsverfügung und Gerichtsverfahren leugnete. Er unterstellte der Neuzeller Brauerei, sie handele „derzeit rechtswidrig", sodass der Landkreis Oder-Spree in Bezug auf die Ordnungsverfügung keinen Ermessensspielraum gehabt habe. Im Übrigen sei er sich „sehr sicher", dass das Gerichtsverfahren im Sinne des Ministeriums entschieden werde.

Siehe da, hier hatten wir gleich zwei dicke Brocken. Erstens, der Minister unterstellte uns, wir würden „rechtswidrig handeln". Das war sicher seine Auffassung, jedoch gab es dagegen eine Menge einzuwenden.

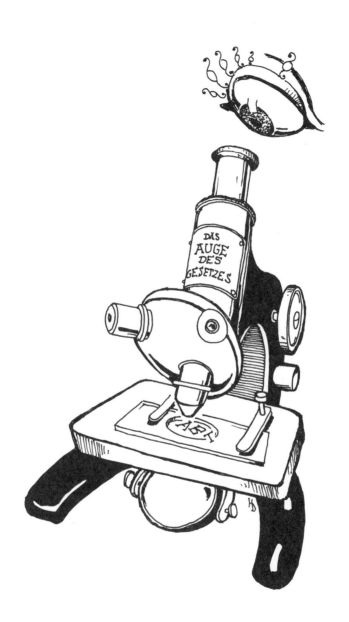

Unserer Meinung nach hatten wir sehr wohl das Recht, unser Schwarzbier als „besonderes Bier" ganz gesetzmäßig zu verkaufen. Und ob hier ein Rechtsverstoß vorlag, würde doch wohl das Gericht entscheiden und ganz sicher nicht Herr Zimmermann aus seiner eigenen Machtvollkommenheit. Es stieß merkwürdig auf, dass sich der Minister zweitens so sicher war, das Gerichtsverfahren zu gewinnen. Wusste er mehr als andere? Hatte er eine Kristallkugel auf seinem Schreibtisch stehen? Oder hatte er etwa Einfluss auf die Entscheidung des Verwaltungsgerichtes genommen? Drei sehr berechtigte Fragen!

Zimmermann versicherte, er habe nichts gegen die Brauerei in Neuzelle und nichts gegen das Schwarzbier. Und auch die Arbeitsplätze in der Region würden ihm sehr am Herzen liegen. Doch warum verweigerte er so beharrlich die Ausnahmegenehmigung, die er nach Gesetzeslage erteilen konnte? Wer wollte dem Landwirtschaftsminister zu diesem Zeitpunkt noch seine Krokodilstränen abnehmen!

Während die Fairness von Behördenseite mit Füßen getreten wurde, trat ich gegen etwas anderes, nämlich einen Fußball. In Potsdam wurde der traditionsreiche „Sanssouci-Pokal" des heimatlichen Fußballclubs im Zeichen der Solidarität mit dem Schwarzbier veranstaltet. Die stattliche Zahl von dreißig Mannschaften stritt in diesem Jahr für den Erhalt der Brandenburgischen Klosterspezialität. Das Team des Titelverteidigers FSV Karlshorst aus Berlin hatte aus Begeisterung für sein Lieblingsgetränk sogar die T-Shirts mit dem Aufdruck „Give Beer A Chance" versehen; ganz so wie es alle Teilnehmer und Fans auch von den politisch Verantwortlichen der Potsdamer Regierung erwarteten. Das Turnier bewies, dass ein fairer Kampf auch Spaß machen konnte. Es freute mich, dass ich eingeladen wurde, den Anstoß zum ersten Spiel persönlich vorzunehmen.

Inzwischen hatte das Frankfurter Verwaltungsgericht den Termin für die mündliche Verhandlung auf den 12. September 1996 festgelegt. Mit Spannung sahen meine Mitarbeiter und ich diesem Tag entgegen. Würde sich das Gericht der Auffassung der Potsdamer Regierung anschließen? Falls ja, stünden der Neuzeller Brauerei weiter unsichere Zeiten ins Haus.

Das Recht sah ich nach wie vor eindeutig auf unserer Seite. Umso enttäuschter verließ ich am Nachmittag das Gebäude des Frankfurter Verwaltungsgerichtes – die erste Runde des Rechtsstreites war für uns verloren gegangen. Die Herren in den schwarzen Roben hatten sich als würdige Hüter der Bürokratie erwiesen.

In der sehr ausführlichen Verhandlung vertrat die Kammer die Auffassung, dass unser Schwarzbier kein „besonderes Bier" im Sinne des „Vorläufigen Biergesetzes" sei, und berief sich bei dieser Beurteilung auf die Historie dieser Vorschrift seit der Aufnahme in das Gesetz im Jahre 1906. Der Zusatz von Zucker sei zu keinem Zeitpunkt gestattet gewesen, deshalb wäre das Neuzeller Schwarzbier kein „besonderes Bier"!

Doch erkannte das Gericht, dass es sich bei dieser Vorschrift eindeutig um eine Diskriminierung deutscher, das heißt inländischer Bierbrauer gegenüber der ausländischen Konkurrenz handele, die nicht dem Reinheitsgebot unterlag.

Im Ergebnis ließ das Gericht keinen Zweifel daran, dass es die Klage abzuweisen gedenke. Trotzdem wurde nach längerem Hin und Her beschlossen, den Rechtsstreit fortzusetzen, um eine zweifelsfreie rechtliche Klärung herbeizuführen.

Darüber hinaus wurde vereinbart, die Frist für das Inverkehrbringen des Schwarzbieres auf den 31. 12. 1996 zu verlängern, um unserer Brauerei die Gelegenheit zu geben, die Restbestände der alten Etikettierung aufzubrauchen. Ich erklärte mich im Gegenzug bereit, ab

Jahresbeginn 1997 eine neue, nicht verwechslungsfähige Kennzeichnung für das Schwarzbier zu verwenden, die bis dahin im Einvernehmen mit den Behörden entwickelt werden sollte. Der Landkreis Oder-Spree stimmte wenige Tage später der vom Gericht empfohlenen Fristverlängerung zu.

Ein endgültiges Urteil stand noch aus, aber es unterlag keinem Zweifel, dass das Gericht unsere Klage abweisen würde. Es hatte sich vollständig der Argumentation der Verwaltung angeschlossen. Keiner Phantasie bedarf es, sich die Schadenfreude und Häme der Gegenseite vorzustellen. Mit einiger Bitterkeit musste ich erkennen, wie wenig die Rechtsvorschriften in diesem Bereich den Interessen der Verbraucher und der deutschen Wirtschaft entsprachen. Waren sich die Verantwortlichen der Konsequenzen dieser obskuren Bestimmungen bewusst? Wenn ein Bier nicht mehr „Bier" genannt werden und als solches unkenntlich gemacht werden sollte, wurde nicht nur die Bezeichnung als solche obsolet, sondern auch der Verbrauchertäuschung Tür und Tor geöffnet. Wer soll dann noch wissen, was sich hinter welchem Getränkenamen verbirgt?

Ich kämpfte weiter dafür, dass sich das Neuzeller Schwarzbier auch in Zukunft offen und ehrlich „Bier" nennen durfte. Nach wie vor war ich davon überzeugt, dass dies auch die Gesetzeslage hergab. Alle rechtlichen Mittel beschloss ich auszuschöpfen. Zuerst galt es aber, unser Schwarzbier neu zu kennzeichnen. Viel Zeit hatten wir nicht mehr.

Wir waren in unserem Kampf gegen die Windmühlen der Bürokratie erneut ein gutes Stück zurückgeworfen worden. Erschien die Rüstung des armen Ritters gestern noch strahlend und stark, so hatte die schimmernde Wehr viel Rost angesetzt. Sechs Jahre dauerte der Bierstreit schon an; fünf Anträge auf Erteilung einer Ausnahmegenehmigung für unser Schwarzbier hatten wir gestellt und drei Gutachten namhafter Institute eingeholt, die unsere Auffassungen stützten. Drei Ordnungsverfügungen hatte die Verwaltung gegen uns verhängt; die letzte untersagte das Inverkehrbringen des Schwarzbieres zum Jahresende 1996. Eine unvergleichliche Medienkampagne hatte begonnen, die uns sehr viel öffentliche Unterstützung gebracht hatte, und auch auf politischer Ebene konnten wir zahlreiche Verbündete gewinnen. Weit über die Grenzen von Berlin und Brandenburg hinaus schüttelten die Leute den Kopf in Unverständnis für den bürokratischen Starrsinn der Behörden, der jeder wirtschaftlichen Vernunft Hohn sprach.

Trotz allem liefen die Geschäfte gut. Unser Schwarzbier erfreute sich nach wie vor steigender Beliebtheit. Die „Brandenburger Amtsposse 1996" hatte sich sogar zu einem regelrechten Renner entwickelt. Die Produktion unserer Bierspezialität hatte bereits einen Anteil von 70% am Gesamtumsatz erreicht, was einem Ausstoß von rund 5 Millionen Flaschen pro Jahr entsprach! Und auch im Jahre 1996 würden wir wieder schwarze Zahlen schreiben können. Eine gute Bilanz, wenn bedacht wird, in welchem Zustand ich die Brauerei übernommen hatte. Ich betone, dass der jahrelange Bierstreit auch Vorteile für uns gebracht hat. Nicht viele Unternehmen unserer Größenordnung konnten eine ähnliche Publicity für sich in Anspruch nehmen.

Doch wohin sollte der weitere Weg führen? Entscheidend für den Erhalt der Klosterbrauerei und ihrer Arbeitsplätze war es, Produktion und Absatz des Schwarzbieres sicherzustellen. Dies war nur möglich, indem wir uns zunächst den Forderungen der Verwaltung beugten. Wie unbefriedigend dies für mich war, muss nicht betont werden. Mein Innerstes widerstrebte der Aussicht, unsere Kunden täuschen zu müssen, indem wir die Identität unseres Bieres verleugneten. Hatte ich nicht in aller Öffentlichkeit angekündigt, weiter dafür zu kämpfen, dass unser Bier auch künftig „Bier" heißen durfte, und sei es, indem ich den Bierstreit bis vor das Bundesverfassungsgericht und den Europäischen Gerichtshof trug?

Eine merkwürdige Begegnung

Diese und weitere nicht allzu freudige Gedanken beschäftigten mich an jenem lauen Septemberabend, als ich noch spät an meinem Schreibtisch im Büro der Klosterbrauerei saß. Über meine Grübelei dämmerte es schon und ich erhob mich, um das Deckenlicht einzuschalten. Als ich zur Tür trat, bemerkte ich im dunklen Schatten der Zimmerecke eine Gestalt. Ich bin von Natur aus wenig schreckhaft, jedoch trat ich unwillkürlich einige Schritte zurück. Wer war hier unbemerkt eingetreten? Die Tür war fest verschlossen und gehört hatte ich auch nichts. Vielleicht einer der kleinen Scherze meiner Mitarbeiter, dachte ich mir, als ich die dunkle Gestalt betrachtete, die unbeweglich in der Ecke des Zimmers stand. Nichts Ungewöhnliches, wenn die Kollegen sich einmal wieder einen kleinen Schabernack ausgedacht hätten, um mich aufzumuntern. Der Verdacht erhärtete sich, als ich die Gestalt vor mir näher musterte. Da stand doch tatsächlich ein alter Mönch! Eine Ähnlichkeit mit einem unserer Mitarbeiter konnte ich nicht feststellen. Der Mann musste uralt sein! Der lange weiße Bart fiel fast bis auf den Boden nieder und das Gesicht, aus dem mich allerdings lebhafte blaue Augen anblinzelten, war runzlig wie eine alte Kartoffel. Dazu machte der graue Habit nicht den Eindruck, als habe er in letzter Zeit (oder überhaupt schon einmal) eine Waschmaschine gesehen. Die Hände hielt der merkwürdige Mönch unter einem schwarzen Kapuzenmantel verborgen, was mich darauf brachte, dass er ein Angehöriger des Zisterzienserordens sein musste.

So standen wir uns einige Augenblicke in dem Halbdunkel des Büros gegenüber, während mich der alte Mönch mit einem leisen Lächeln anblickte.

Wenn der Leser nun vielleicht denkt, ich hätte am frühen Abend bereits einige Gläser Schwarzbier zu viel getrunken, so darf ich ihn dahingehend beruhigen, dass ich grundsätzlich während der Arbeit keinen Alkohol zu mir nehme. Also versichere ich, dass ich völlig nüchtern war. Und da ich nicht zu Halluzinationen neige, wurde mir schnell klar, dass die geheimnisvolle Gestalt durchaus real war. Sie begann zu reden. Dabei entwickelte sich folgender Dialog:

Der Mönch (leicht amüsiert): Mein Lieber, mein Lieber, du siehst ja ziemlich mitgenommen aus!

Ich (etwas ärgerlich): Das ist ja wohl auch kein Wunder bei dem, was hier zurzeit läuft!

Der Mönch: Du hast Probleme? Die Brauerei sieht doch hervorragend aus! All die schönen Maschinen und das herrliche Bier in den Fässern! So etwas gab es zu meiner Zeit nicht.

Ich: Danke für die Blumen. Allerdings hätte ich einmal eine Frage: Wer sind Sie und was wollen Sie hier?

Der Mönch: Verzeihung. Ich vergaß mich vorzustellen. Es ist auch sonst nicht meine Art, irgendwo so hereinzuplatzen. Mein Name ist Hermann. Abt Hermann von Neuzelle, allgemein auch „der Schwarze Abt" genannt.

Ich: Ist das ein Scherz? Abt von Neuzelle? Hier gibt es keine Mönche mehr.

Der Mönch: Das habe ich inzwischen auch schon gemerkt. Um genau zu sein, seit 1817. Damals beliebte es nämlich Seiner Majestät, dem König von Preußen, uns höflich vor die Tür zu setzen.

Ich: Das ist mir bekannt, mein Herr. Also, was kann ich für Sie tun? Was wollen Sie hier?

Der Mönch: Ich möchte dir helfen, mein Sohn.

Ich (sehr erstaunt): Mir helfen? Wobei das denn!

Der Mönch: Nun, soweit ich bisher habe in Erfahrung bringen können, hast du etwas Hader mit der Obrigkeit. Jedenfalls bin ich durch die Lautstärke des Streites wach geworden und musste meine heimelige Gruft tief unter der Kirche verlassen.

Ich: Nun ja, das ist schon richtig. Hier ging es in letzter Zeit etwas laut zu. Man will uns unser schönes Neuzeller Schwarzbier vermiesen. Es darf nicht mehr „Bier" heißen, weil es angeblich gegen das Reinheitsgebot verstößt. Dabei tun wir nur etwas Süße hinein, damit es seinen unnachahmlichen Geschmack bekommt.

Der Mönch: Ach ja, das Schwarzbier. Habe ich vorhin auch schon probiert. Ganz ausgezeichnet, genauso, wie wir es früher auch gebraut haben. Und Zucker haben wir seit langem auch schon verwendet. Bier war es aber immer. Was soll es denn jetzt sein?

Ich: Ein „Mischgetränk". „Gegorenes Gerstenmalz mit Zuckerzusatz" oder so ähnlich.

Der Mönch: So ein Unsinn. Jedenfalls hatten wir nie Probleme mit dem Landesherrn, im Gegenteil, geschmeckt hat dem Fürsten unser Bier immer.

Ich: Das tut es denen heute immer noch, nur "Bier" darf es nicht mehr heißen.

Der Mönch: Und da sagt man immer, das Mittelalter sei barbarisch gewesen ...

Ich: Ganz recht. Und nun ist unser ganzer Betrieb in Gefahr mit seinen 38 Arbeitsplätzen!

Der Mönch: So viele Leute arbeiten hier? Erstaunlich, wir Mönche waren immer nur ein paar. Aber, mein Sohn, du wirst doch so schnell nicht klein beigeben?

Ich: Ganz bestimmt nicht, aber manchmal könnte es einem doch zu viel werden.

Der Mönch: Na, na, wer wird denn gleich die Flinte ins Korn werfen. Wenn wir Mönche so gedacht hätten, wäre das Kloster Neuzelle nie entstanden und auch das schöne Bier nicht. Wie das hier aussah, als wir Anno 1268 hier anfingen! Diese Einöde! Ein einziger Urwald und kein Haus weit und breit. Und trotzdem haben wir die Ärmel hochgekrempelt und alle Widerstände überwunden. Nicht einmal die bösen Hussiten konnten uns hier vertreiben und auch die diebischen Schweden nicht. Selbst die unangenehme Sache mit dem Herrn Luther haben wir hier gut überstanden ...

Ich: Das ist ja alles gut und schön, hilft uns jetzt aber auch nicht weiter.

Der Mönch (verträumt): ...die schönste Zeit war eigentlich, als wir zum Kurfürstentum Sachsen gehörten. Da blühte und gedieh hier alles, auch unsere Brauerei. Die Fürsten waren uns stets sehr gewogen und haben uns in allem gefördert.

Ich: Zu Sachsen? Heute gehören wir aber zu Brandenburg!

Der Mönch: Ach, die Brandenburger! Schwierige Fürsten waren das, meistens sehr knauserig und pingelig.

Ich: Da hat sich aber seitdem nicht viel geändert.

Der Mönch: Jaja, zu Sachsen müsste man wieder gehören...

Ich (hellhörig): Das wäre vielleicht eine Idee ... Aber würde es uns da besser ergehen?

Der Mönch: Da bin ich mir ziemlich sicher. Wenn ich nur an seine Durchlaucht August II. denke – ich glaube man nennt ihn heute noch „den Starken" – der hatte immer sehr viel für starkes Bier übrig; besonders für das aus den Klöstern. Ich kann mir nicht denken, dass sich das unter seinen Nachfahren sehr geändert hat.

Ich: Interessant! Aber damit weiß ich immer noch nicht, wie ich jetzt mein Schwarzbier nennen soll. Ich darf es nur weiterverkaufen, wenn ich es nicht mehr „Bier" nenne.

Der Mönch: Na, wenn's weiter nichts ist! Da müsste uns doch etwas Passendes einfallen, so wahr ich der „Schwarze Abt" bin ...

Wir redeten noch eine ganze Weile miteinander, und es kam so manche gute Idee dabei heraus, die sich aufzugreifen lohnte. Ich erfuhr bei der Gelegenheit noch eine ganze Menge über den ehrwürdigen Abt Hermann und die Geschichte des Klosters. Warum er „Schwarzer Abt" genannt wurde, darüber bewahrte er strengstes Schweigen – doch das wäre Stoff für ein anderes Buch und gehört nicht an diese Stelle. Nur so viel darf ich sagen, dass es im angeblich „finsteren" Mittelalter doch zuweilen viel lustiger zuging, als wir es uns heute träumen lassen. Jedenfalls versprach mir der Abt, vorläufig noch nicht in seine Gruft zurückzukehren und uns gegen starrköpfige Vertreter der Obrigkeit beizustehen, mit denen er selbst in seinem Leben reichlich Erfahrung gesammelt habe. Nach einiger Zeit verschwand der „Schwarze Abt" wieder so unauffällig, wie er gekommen war. Wie, weiß ich nicht so genau – durch die Tür ist er jedenfalls nicht gegangen.

Die Hilfe des „Schwarzen Abtes"

Wenige Tage nach dieser „Begegnung der dritten Art" erreichte mich ein Schreiben, dessen Inhalt jetzt schon nicht mehr überraschte. Es waren erneut die „lieben Kollegen" aus der Brauerzunft, die uns gegenüber eine „Sympathieerklärung" abgeben wollten. Der Geschäftsführer des „Verbandes mitteldeutscher Privatbrauereien e. V.", Herr Demleitner, teilte mir mit, dass die Neuzeller Klosterbrauerei mit der Herstellung und dem Vertrieb des Schwarzbieres gegen die Satzungen des Verbandes verstieße, wonach alle Mitglieder zur „Einhaltung des deutschen Reinheitsgebotes verpflichtet" seien. Der Verband sei zu dem Schluss gekommen, gegen uns unverzüglich ein „Verbandsausschlussverfahren" einzuleiten. Gnädigerweise werde uns Gelegenheit gegeben, zu dem uns vorgehaltenen Satzungsverstoß Stellung zu nehmen.

Merkwürdig berührte mich, dass die lieben Kollegen meinten, gleich die schwersten Geschütze auffahren zu müssen; ein Hinweis, welch massive Interessen hinter dem brandenburgischen Bierstreit standen. Konnte wirklich das Verhalten einer einzigen Brauerei gleich den

Bestand der gesamten deutschen Bierindustrie gefährden? Wohl kaum! Jedenfalls weigerte sich auch dieser Verband beharrlich zur Kenntnis zu nehmen, dass die Frage, ob die Neuzeller Klosterbrauerei gegen geltendes Recht verstoße, noch gar nicht geklärt war. Dass die Verbandsfunktionäre nicht bereit waren, das richterliche Urteil abzuwarten, und gleich vollendete Tatsachen schaffen wollten, bewies penetranten Übereifer.

In einem Antwortschreiben wies ich darauf hin, dass die endgültige Entscheidung, wie das Biergesetz hinsichtlich unserer Brautechnik auszulegen sei, noch nicht gefallen sei. Richtig stellte ich, dass die Klosterbrauerei Neuzelle sehr wohl die Bestimmungen des Reinheitsgebotes bei der Schwarzbierherstellung beachte und dass erst nach dem Brauprozess der umstrittene Zusatz hinzugefügt werde. Ich wies auf die Widersprüchlichkeit der geltenden Vorschriften hin und äußerte die Auffassung, dass es gerade im Interesse der deutschen Bierwirtschaft liegen müsse, die Integrität des Bierbegriffes zu wahren und Täuschungen des Verbrauchers auszuschließen. Zum Schluss äußerte ich die Hoffnung, dass der Brauereiverband meine Darlegungen bei weiteren Entscheidungen berücksichtigen und den Entwicklungen und Erfordernissen des heutigen Biermarktes Rechnung tragen werde.

Wenige Wochen später, am 17. Dezember 1996, wurde auf einer Mitgliederversammlung des Brauereiverbandes die Einleitung eines Ausschlussverfahrens gegen uns beschlossen – das Urteil des Verwaltungsgerichts abzuwarten hatten die Herren in ihrer merkwürdigen Eile nicht für nötig befunden. Langsam begann ich mich als „Ausgestoßener" zu fühlen.

Apropos „ausgestoßen". Da erinnerte ich mich beim Schreiben an die Worte des ehrwürdigen Abtes Hermann, der mir berichtet hatte, dass Neuzelle lange Zeit zu Sachsen gehört hatte. Was war an der Sache dran? Der

„Schwarze Abt" mit dem hellen Gemüt war sicherlich in der Historie seines Klosters besser bewandert als ich und so musste ich zunächst einmal Literatur zu Rate ziehen. Tatsächlich wurde ich in meinen Unterlagen zur Klostergeschichte bald fündig. Schon in der Mitte des 12. Jahrhunderts war das alte Fürstenhaus der Wettiner als Markgrafen von Meißen in den Besitz der Lausitz gekommen. Und es war Markgraf Hermann der Erlauchte, der das Kloster Neuzelle im Jahre 1268 gestiftet hatte. Die Wettiner waren unbestreitbar Sachsen! Doch zerriss das Band zur Stifterfamilie und zum Landesherren sehr bald. Die riesige sächsische Territorialmacht, die Heinrich der Erlauchte aufgebaut hatte, wurde von seinen unfähigen Söhnen und Enkeln durchgebracht. Deshalb kam im Jahre 1304 die Niederlausitz mit Neuzelle durch Kauf an die Brandenburger, die ebenfalls nicht lange im Besitz des schönen Oderlandes blieben. Nach ihrem Aussterben fielen – wie damals oft üblich – von allen Seiten die Nachbarn über das Erbe her. Die Niederlausitz wurde daraufhin beherrscht von den Askaniern als Herzögen von Sachsen (sieh an!), erneut von den Wettinern als Markgrafen von Meißen, den Piasten als Herzögen von Schlesien, den Luxemburgern (!) als Königen von Böhmen und den Wittelsbachern als neuen Markgrafen von Brandenburg. Sieger in diesem militärischen und politischen Hin und Her blieb schließlich Kaiser Karl IV., der die Niederlausitz 1368 erwarb und 1370 dem Königreich Böhmen einverleibte.

Damit war die wechselvolle Geschichte nicht zu Ende. Das Kloster Neuzelle konnte sich in der Reformationszeit als katholische Enklave behaupten, auch wenn sich die umliegende Gegend schleunigst dem Herrn Luther anschloss. Die Zeiten unter der böhmischen Herrschaft waren nicht immer gemütlich, zum Beispiel rückten im Jahre 1429 die Hussiten unseren Mönchen auf den Pelz, zündeten das Kloster an und brachten fast alle Insassen um. Im Dreißigjährigen Krieg machten es sich dann die Schweden in Neuzelle gemütlich und schleppten alles weg, was nicht niet- und nagelfest war. Danach fielen die Ober- und Niederlausitz im Zuge des Prager Friedens im Jahre 1635 an das Kurfürstentum Sachsen. Eine ruhigere Epoche begann, von wirtschaftlicher Blüte und Wohlstand geprägt – das war es wohl, was Abt Hermann gemeint hatte! Zudem wurde Kurfürst August II. von Sachsen, „der Starke", im Jahre 1697 wieder katholisch, eine Voraussetzung zum Erwerb des polnischen Königsthrones. Ein Umstand, der auch dem Neuzeller Kloster zugute kam, wie sich unschwer denken lässt. Denn August der Starke war nicht nur ein Kunstliebhaber und ein Verehrer des schönen Geschlechts – er hatte sehr viele Mätressen, die er manchmal nach Gebrauch wegschließen ließ, damit sie kein anderer nahm –, sondern auch ein ausgesprochener Freund geistiger Getränke.

Doch alles Gute ist einmal zu Ende. Nach den Befreiungskriegen musste Sachsen auf dem Wiener Kongress 1815 fast die Hälfte seines Territoriums an Preußen abtreten; der Lohn dafür, dass die sächsischen Herrscher zu lange an Napoleons Rockschößen hängen geblieben waren. Auch der Neuzeller Klosterkonvent hatte nicht mehr viel zu lachen, denn König Friedrich Wilhelm III. löste ihn 1817 auf. Dem Abt wurden die Insignien abgenommen, doch durfte er im Kloster wohnen bleiben. Die anderen Mönche hatten sich im Ort eine Unterkunft zu suchen. Die Klosterkirche wurde der katholischen Gemeinde zur Nutzung übergeben, wobei es bis heute blieb.

Also, insgesamt fast 300 Jahre lang gehörte die Niederlausitz mit Neuzelle zu Sachsen! Warum sollte dies nicht erneut so werden? Gebietsreformen hat es zu jeder Zeit gegeben und bis zur Landesgrenze nach Sachsen waren es gerade einmal 60 Kilometer. Schließlich würde es so manchen Vorteil haben, einem Land anzugehören, in der die

Wirtschaft florierte und die mittelständischen Unternehmen in vorbildlicher Weise gefördert wurden. Deshalb kam mir die Idee einer Initiative, die den Gebietswechsel Neuzelles in das Bundesland Sachsen anstrebte. Ob realisierbar oder nicht, auf alle Fälle konnte auf diese Weise ein Signal gesetzt werden, das die Regierung in Potsdam zur Kenntnis nehmen müsste. Sicher fände man es in Dresdner Regierungskreisen gar nicht so schlecht, die letzte Klosterbrauerei der neuen Bundesländer innerhalb der eigenen Landesgrenzen zu wissen. Ich versprach mir von dort erheblich mehr Unterstützung unserer Anliegen in dem nun schon unerträglich langen Bierstreit.

Da hatte mich also der ehrwürdige „Schwarze Abt" von Neuzelle auf eine gute Idee gebracht. Anfang Oktober 1996 ging ich mit meiner Idee zu einer Gebietsreform an die Presse und erntete dort erwartungsgemäß großes Interesse. Auch vom Wirtschaftsministerium in Sachsen erhielt ich eine telefonische Anfrage, ob die Sache ernst gemeint sei. Ich bejahte dies und erklärte mich zu Gesprächen bereit. Aber würde das ausreichen, um die Verantwortlichen in Politik und Wirtschaft endlich aus ihrer Lethargie zu reißen?

In politischen Kreisen fanden die Meldungen ebenfalls Resonanz. Schon am 24. Oktober richtete die Opposition im Brandenburger Landtag eine erneute Anfrage an die Landesregierung, in der ausdrücklich auf einen möglichen Anschluss Neuzelles an Sachsen beziehungsweise eine Umsiedelung dorthin Bezug genommen wurde. Zwar leugnete Minister Zimmermann in seiner Antwort kategorisch, dass von den sächsischen Behörden „deutlich andere Signale als hierzulande" zu hören seien; jedoch schien ein bitterer Nachgeschmack auf unseren Vorstoß zurückgeblieben zu sein, denn der Ressortchef schlug im Folgenden versöhnlichere Töne als bisher an. Es war nun von gemeinsamen Anstrengungen die Rede, die strittige Angelegenheit im beiderseitigen Einvernehmen beizulegen. Auch der CDU-Abgeordnete Helm glaubte den Eindruck gewonnen zu haben, dass auf Regierungsebene „ganz langsam ein Umdenken" einsetze. Von ganzem Herzen hoffte ich das!

Jetzt drängte es, die Forderungen der Bürokratie zu erfüllen. Bis zum Jahresende hatten wir die Kennzeichnung unseres Schwarz- und Malzbieres so zu verändern, dass eine Verwechslung der Produkte mit Bier nicht mehr möglich war. Mit der Befolgung von Paragraphen würden wir die Käufer verwirren. Denn in unseren Schwarzbierflaschen war immer noch Bier, obwohl es von außen nicht mehr deutlich zu erkennen war. Auch wenn wir diesen Kompromiss einstweilen eingehen mussten, um die Existenz unserer Brauerei zu sichern, geschah dies doch von meiner Seite nur mit dem größten Widerwillen. Es war mir von vornherein klar, dass diese Lösung nur ein Provisorium sein konnte und eine Revision der Verwaltungsentscheidung unbedingt herbeigeführt werden musste. Und sei es, indem wir durch alle Instanzen der deutschen und europäischen Gerichtsbarkeit gingen. „Bier" musste in Deutschland auch weiterhin „Bier" heißen dürfen!

Bereits in der mündlichen Verhandlung vor dem Frankfurter Verwaltungsgericht am 12. September 1996 war die Aushandlung einer einvernehmlichen Lösung mit den staatlichen Behörden dringend angemahnt worden. Doch davon waren wir noch weit entfernt.

In unserem Hause wurden jetzt Entwürfe hin und her gedreht. Wir rangen um die zukünftige Etikettierung. Der Phantasie waren dabei keine Grenzen gesetzt, und so kamen wir zu einer ganzen Reihe mehr oder weniger amüsanter Namen, wie zum Beispiel:
– *„Schwarzes Elixier"*,
– *„Schwarz-Gier"* (kein Schreibfehler!),
– *„Abts-Trunk"* etc.;
wobei mir die Bezeichnung „Schwarzes Elixier" vorerst noch am erträglichsten vorkam. Nach einigem Hin

und Her einigten wir uns darauf, die verschiedenen Phantasienamen erst einmal auf ihre bierrechtliche Stimmigkeit hin überprüfen zu lassen. Ein Gespräch mit Behördenvertretern beim Veterinär- und Lebensmittelüberwachungsamt in Beeskow am 10. Oktober 1996 ergab, dass man sich dort mit der Bezeichnung „Schwarzes Elixier" durchaus abfinden könnte. Jedoch herrschten noch Bedenken wegen des Logos vor, das ja einen Mönch mit einem Bierglas in der Hand darstellte. Auch bestand das Amt darauf, dass die Bezeichnung „Klosterbräu" durch „Klosterbrauerei Neuzelle" zu ersetzten sei, da diese Formulierung weniger auf das Produkt Bier hinweisen würde. Welch ein Unsinn! Soll der Verbraucher etwa „Klosterbrauerei" mit einer Milchproduktionsstätte oder anderen abwegigen Produkten gleichsetzen?

Aber auch daran sollte die Sache nicht scheitern. Begriffen habe ich den bedeutenden Unterschied bis heute nicht. Behörden haben manchmal verquere Gedankengänge, die sich dem gesunden Menschenverstand verschließen.

Anschließend sandte ich die von der Werbeagentur Tangens gestalteten Etikettenentwürfe an das Laboratorium Dr. Scheutwinkel zur Begutachtung. Dort hatte hinsichtlich der neuen Bezeichnung des Schwarzbieres niemand Einwände. Die Experten regten jedoch an, das Logo dahingehend zu verändern, dem abgebildeten Mönch statt eines Bierkruges ein neutrales Glas mit schwarzer Flüssigkeit beizugeben, um eine mögliche Verwechslung mit Bier auszuschließen. Aber haben Sie schon einmal einen Mönch Coca Cola trinken sehen? Wir versuchten redlich, die Anforderungen der Bürokratie zu erfüllen, obwohl wir uns bewusst waren, dass damit der Verbraucher irregeführt und getäuscht würde. Die Entwürfe gingen zur Stellungnahme auch an das Landwirtschaftsministerium in Potsdam.

Während ich in den folgenden Wochen auf die Antworten der verschiedenen Stellen wartete, kreisten meine Gedanken um den neuen Namen unseres Schwarzbieres. „Schwarzes Elixier"! Das klang doch sehr nach „schwarzer Kunst" und „Zauberei" und weniger nach einem alten, traditionsreichen Klosterbier. Ich wollte auf jeden Fall den Eindruck vermeiden, wir würden in Neuzelle eine Art von „Giftmischerei" betreiben – denn das war es doch, was uns die Behörden und unsere Kollegen immer vorwarfen. Also müsste sich noch etwas Besseres finden lassen. An meinem Schreibtisch überlegte ich hin und her. „Schwarz…, Schwarz…", irgendetwas mit „Schwarz…" sollte es schon sein, denn schließlich handelte es sich bei unserem edlen Getränk um Schwarz- und nicht um Weißbier. Aber was für ein „Schwarz…"? Es wäre doch schön, dachte ich mir, wenn der alte Abt Hermann hier wäre, um mir beim Denken etwas behilflich zu sein. Ja, ja, der alte Abt – der „Schwarze Abt", wie er sich selbst genannt hatte. Halt! „Schwarzer Abt"? Könnte nicht so unser Bier heißen? Natürlich, das war's doch! Ein besserer Name für unser Schwarzbier war kaum denkbar! „Schwarzer Abt – die Brauarität aus Schwarzbier", so fiel es mir wie Schuppen von den Augen. Dank dir, Abt Hermann, alter Knabe!

Eine neue Runde …

Nachdem die Frage nach der Benennung unseres Schwarzbieres befriedigend gelöst war, konnten wir getrost in die Endrunde im Etikettenstreit gehen. Am 12. November 1996 fand in Potsdam ein Gespräch mit Dr. Desselberger vom Landwirtschaftsministerium statt, das erstaunlich friedlich und einvernehmlich verlief. Offensichtlich war unsere verzweifelte Drohung mit dem Exodus nach Sachsen nicht spurlos an den Herren vorbeigegangen. Die Kennzeichnungsfrage wurde gelöst. Auch das noch strittige Logo mit Mönch und Bierkrug traf erstaunlicherweise auf keinen Widerstand mehr. In Bezug auf die Verkehrsbezeichnung einigten wir uns auf die komplizierte Formulierung „Die Rarität aus Schwarzbier mit nachträglichem Zusatz von Invertzuckersirup". Der Markenname „Neuzeller Klosterbräu" wurde, wie von den Behörden gewünscht, durch „Klosterbrauerei Neuzelle GmbH" ersetzt. Die restlichen Bestandteile des Etiketts, die zum Teil auf Bier schließen ließen, blieben erhalten. Unser Malzbier erfreute sich ab jetzt ebenfalls eines neuen Namens: „Klostermalz" hieß es fortan.

Mit dieser Etikettengestaltung konnten wir zunächst leben, obwohl sie nicht dem Gebot der Wahrheit und Klarheit entsprach. Für mich unerwartet, hatte sich Dr. Desselberger damit weitgehend unseren Vorstellungen angepasst. Während der gesamten Verhandlung wurde deutlich, dass das Ministerium in dieser Phase Interesse an einer schnellen Beilegung des Streites hatte. Die zuständigen Behörden gingen sogar so weit, sich mit einer stillschweigenden Verlängerung des Zeitraumes zum Verkauf des Bieres mit der bisherigen Bezeichnung um zwei bis drei Monate einverstanden zu erklären, damit wir die alten Etiketten aufbrauchen konnten. Aber das war noch nicht alles: Dr. Desselberger erklärte sich bereit, in einer weiteren mündlichen Verhandlung vor dem Verwaltungsgericht die noch bestehenden rechtlichen Widersprüchlichkeiten für die Erteilung einer Ausnahmegenehmigung einvernehmlich zu klären. Sollte das Verwaltungsgericht dies empfehlen, konnte er sich vorstellen, über die Genehmigung noch einmal nachzudenken. Da soll einer sagen, dass Beharrlichkeit nicht zum Ziel führt!

Dass jedoch Euphorie in der Zusammenarbeit mit den Behörden fehl am Platz ist, sollte sich bald zeigen. Als nächsten Schritt bat ich unseren Rechtsanwalt, einen Schriftsatz mit dem Inhalt des Gespräches zwischen Dr. Desselberger und mir an das Verwaltungsgericht und das Potsdamer Ministerium mit der Bitte um einen neuen Verhandlungstermin zu senden. Wie groß war mein Erstaunen, als ich Ende des Monats ein Schreiben eines Mitarbeiters von Dr. Desselberger in den Händen hielt, in dem der Inhalt unseres Gespräches vom 12. November geradezu in sein Gegenteil verkehrt wurde! Plötzlich sollte es weder ein „stillschweigendes Übereinkommen" zur Verlängerung des Untersagungstermins für unser Schwarzbier gegeben haben, noch habe Dr. Desselberger seine Bereitschaft zu einer erneuten mündlichen Verhandlung vor dem Verwaltungsgericht erklärt, geschweige denn die Erteilung einer Ausnahmegenehmigung für unser Bier in Aussicht gestellt. Ich musste in einem anderen Ministerium auf einem anderen Planeten gewesen sein. Oder sollte ich mir ein Hörgerät anschaffen? Glücklicherweise hatte ich Zeugen, die meine Version des Gesprächsverlaufes bestätigen konnten. Neben mir war ein Mitarbeiter der Neuzeller Klosterbrauerei sowie ein Vertreter der Werbeagentur Tangens bei dem Treffen zugegen gewesen. Mit den Aussagen dieser Herren konfrontiert, musste wenig später Dr. Desselberger etwas zerknirscht mir und meinem Anwalt gegenüber zugeben, dass meine Aussagen zutreffend waren und die Version seines Mitarbeiters auf einem Missverständnis beruhe. Dieser Vorfall zeigte, dass wir auch weiterhin auf der Hut sein mussten; hatten wir doch bereits einschlägige Erfahrungen mit dem Landwirtschaftsministerium und dem Lebensmittelamt in Beeskow sammeln müssen, als diese von den Absprachen über die Bierbezeichnung später nichts wissen wollten.

Die Sache mit dem neuen Verhandlungstermin erledigte sich schnell, denn das Frankfurter Verwaltungsgericht sah keine Veranlassung zu einer weiteren mündlichen

Erörterung, da das Urteil im Rechtsstreit bereits fast fertig war und den Parteien Anfang des Jahres 1997 zugestellt werden sollte.

Trotzdem waren wir ein Stück weitergekommen. Entsprechend unseren Anträgen wurde die neue Etikettengestaltung für unser Schwarz- und Malzbier seitens des Ministeriums und der Behörden des Landkreises Oder-Spree genehmigt. Auch der Zeitraum zum Aufbrauchen unserer alten Etiketten wurde für das Schwarzbier bis zum Februar, für das Malzbier bis zum April 1997 verlängert. Eine annehmbare Lösung und dennoch nur ein Provisorium bis zur gerichtlichen Entscheidung über die Ausnahmegenehmigung.

So ging das denkwürdige Jahr 1996 einem versöhnlichen Ende entgegen. Die Existenz der Klosterbrauerei Neuzelle war zunächst gesichert und auch die Bierfreunde würden in Zukunft nicht auf die Schwarzbierspezialität aus unserem Hause verzichten müssen. Doch ergab es sich, dass noch eine Kleinigkeit zu klären blieb. Wir hatten die Bezeichnung „Schwarzer Abt" für unser Schwarzbier beim Münchener Patentamt in der Warenklasse 32 (Biere) eintragen lassen. Nach der unnachahmlichen Logik der Behörden war unser Schwarzbier aber kein „Bier", sondern lediglich ein „Mischgetränk", obwohl es nach Aussehen, Geschmack und Geruch für jedermann eindeutig als „Bier" zu identifizieren war. Es bestand die Gefahr, dass aufgrund dieser Widersprüchlichkeiten beim Inverkehrbringen des Getränkes neue Probleme entstehen konnten, denn eine deutsche Spirituosenfirma hatte den Namen „Schwarzer Abt" in einer anderen Warenklasse für ein Likörgetränk registrieren lassen. Dies war kein Beinbruch, denn Likör und Bier sind zwei verschiedene Dinge. Wenn unser Bier jedoch rechtlich kein „Bier" war, sondern ein alkoholisches Mischgetränk, würde die andere Firma aufgrund der Verwechslungsgefahr vielleicht auf die Idee kommen, gegen die Bezeichnung unseres Produktes vorzugehen. Dies hätte für die Neuzeller Klosterbrauerei schwer wiegende finanzielle Konsequenzen haben können.

Um Schwierigkeiten aus dem Wege zu gehen, bat ich das Potsdamer Landwirtschaftsministerium um die amtliche Bestätigung, dass es sich bei dem Schwarzbier mit der Bezeichnung „Schwarzer Abt" um ein Bier handele, das jedoch aufgrund der Bierverordnung nicht als solches gekennzeichnet werden durfte. In meiner Hoffnung auf behördliche Einsichtsfähigkeit war ich dabei zu weit gegangen, denn Dr. Desselberger verweigerte mir diese Erklärung mit dem Hinweis, dass unser „Schwarzer Abt" zwar im Wesentlichen aus einem nach den Bestimmungen des Reinheitsgebotes hergestellten Schwarzbier bestünde, leider jedoch …, ja, leider dieser verflixte Zuckerzusatz aus dem ganzen Getränk ein Mischgetränk mache und es damit ein für alle Mal kein Bier sei – die alte Leier wurde also zum x-ten Male abgespielt.

Darüber schlief ich eine Nacht und erwachte mit folgenden Gedanken: Warum haben wir Jahr für Jahr bis zu einer halben Million Mark an Biersteuern für ein Getränk bezahlt, das rechtlich gesehen gar kein Bier, sondern ein Mischgetränk war? Was hätten wir an Steuern sparen können! Als verantwortungsbewusster Unternehmer war es meine Pflicht, hier nachzuhaken.

Doch noch eine Antwort des brandenburgischen Regierungschefs

In diesen Tagen bereiteten wir uns auf das Weihnachtsfest vor. Pünktlich zu Nikolaus hatte uns ein Schreiben des Ministerpräsidenten des Landes Brandenburg erreicht, welcher sich herabgelassen hatte, den mittlerweile dritten Brief unserer Belegschaft an ihn einmal persönlich zu beantworten. Unsere Mitarbeiter waren erbost darüber gewesen, dass der Landesvater Ende Oktober 1996 zusammen mit dem Bundespräsidenten das Kloster Neuzelle besucht hatte, ohne bei uns hineinzuschauen und mit den um ihre Arbeitsplätze besorgten Mitarbeitern zu sprechen. Ein weiterer Beleg dafür, wie sehr in der Politik rhetorische Aussagen und praktisches Handeln auseinander klaffen. Wie oft hatte doch Dr. Stolpe öffentlich betont, den Anliegen der Unternehmen und Arbeitnehmer des Landes verpflichtet zu sein. Gegenüber der Klosterbrauerei Neuzelle hatte er bisher beharrlich eine Ausnahme gemacht. Jetzt erklärte der Regierungschef unseren Mitarbeitern, dass „die Erhaltung und Schaffung von Arbeitsplätzen nach wie vor eines der wichtigsten Ziele der Landesregierung" sei, und versicherte, dass entgegen den Befürchtungen der Belegschaft „die Arbeitsplätze in der Klosterbrauerei Neuzelle durch die Entscheidung der für die Lebensmittelüberwachung zuständigen Behörde nicht zur Disposition" stünden. Offensichtlich hatte niemand den Ministerpräsidenten über die Vorgänge der letzten Monate aufgeklärt.

Zum Jahreswechsel schrieb mir der Staatssekretär im Arbeitsministerium Schirmer, den ich anlässlich einer Veranstaltung in Bad Saarow getroffen hatte, wie sehr ihm die Klosterbrauerei in Neuzelle am Herzen liege und er unsere erfolgreiche Arbeit im Osten Brandenburgs bewundere. Er habe auch einen Brief an den Kollegen Wirtschaftsminister gerichtet mit der dringenden Bitte, die Brauerei bei ihrer Arbeit nachhaltiger zu unterstützen. Bei so viel unerwarteter Sympathie aus Potsdam brauchten wir den Weihnachtsmann gar nicht mehr!

Der kam aber doch noch in Gestalt einer Moderatorin des Senders „Antenne Brandenburg". Die Rundfunkanstalt war so freundlich gewesen, eine kleine adventliche Feier unseres Betriebes in das ganze Land zu übertragen und auf diese Weise unsere Mitbürger über den aktuellen Stand im „Brandenburger Bierstreit" zu unterrichten.

Daneben gab es vom Weihnachtsmann (Pardon: von der Weihnachtsfrau) noch eine Reihe Leckereien für unsere Mitarbeiter aus dem Geschenkbeutel und für alle ein Mini-Radio, um immer auf der Höhe der Zeit zu bleiben. Bei dieser Gelegenheit stellte unser Verkaufsleiter Oliver Buß eine neue Spezialität der Neuzeller Brauerei vor: das „Glühbier"; ein Getränk, das richtig durchheizt und kinderleicht herzustellen ist. Hier das Rezept: Einfach ein Bier warm machen – am besten ein Bockbier aus Neuzelle –, ein wenig Honig dazu sowie Zimt und Nelke, eine Orange und einen Spritzer Zitrone. Schmeckt wirklich gut und ist nicht nur bei Erkältungen zu empfehlen.

Bier oder nicht Bier?
Wenn's um die Steuer geht ...

Von Ochsen, Unternehmern und Politikern

Beginnen wir mit einem Gleichnis:
Über einen einsamen Acker zieht mühselig ein Bauer mit seinem Ochsengespann und einem schweren Pflug. Die Sonne glüht, der dichte Staub macht das Atmen schwer und beide, Mensch und Tier, stöhnen unter der schweren Last. Der Boden ist karg und unfruchtbar und nur wenig Ertrag kann der Landmann im Herbst zur Ernte einfahren. Tag für Tag schuftet er in Kälte und Hitze, bei Dunkelheit und Tageslicht, um sich selbst und seine darbende Familie zu versorgen. Spät am Abend kehrt er heim, um in seiner Hütte ein dürftiges Mahl zu verzehren; fällt anschließend in einen kurzen, tiefen Schlaf, um früh am Morgen sein hartes Tagwerk von vorn zu beginnen. Arbeitete er für sich selbst, könnte er den kargen Lohn seiner mühseligen Arbeit nach Hause tragen. Doch er schuftet zur Hälfte für den adligen Herrn auf dem Schloss, dem der Boden gehört und der ihm als Gegenleistung dafür Schutz vor Überfällen und allerlei Ungemach bieten soll. Aber tut er dies wirklich? Nein, wo es nur geht, wirft er dem Bauern Knüppel zwischen die Beine; erhöht die Abgaben nach willkürlichem Gutdünken, fordert Pferd und Wagen für Spanndienste, nimmt Knechte und Gesinde fort und überlässt den Bauern, dessen Familie, Haus und Hof Räubern und Tagedieben ohne Schutz und Hilfe. Schließlich bleibt ihm nichts anderes übrig, als sein Bündel zu schnüren und mit seiner Familie sein Eigentum zu verlassen und das Weite, das heißt anderswo ein besseres Auskommen zu suchen.

Düstere Bilder aus den Tagen des Feudalismus und der Leibeigenschaft, die wir heute überwunden wähnen. Aber haben wir sie tatsächlich überwunden? Ein Gleichnis wäre kein Gleichnis, wenn es nicht auch einen aktuellen Bezug hätte. Der Bauer ist ein heutiger mittelständischer Unternehmer in Deutschland, der tagtäglich mit den widrigsten gesellschaftlichen und wirtschaftlichen Rahmenbedingungen zu kämpfen hat: fehlende Fachkräfte, lahmende Konjunktur, Währungsturbulenzen, galoppierende Staatsverschuldung, Krise der Sozialsysteme, ungeregelte Zuwanderung, Zunahme von Verbrechen und Rechtsbrüchen, Wertezerstörung, Bildungsnotstand, Globalisierung, etc. etc.

Da der Kampf um das Überleben auf diesem kargen Boden noch nicht schwer genug ist, tritt der Staat ihm nicht etwa zur Seite, sondern fällt ihm oft sogar in den Rücken. Ausufernde Bürokratie, immer neue Gesetze, Reglementierungen und Vorschriften; dazu eine Abgabenlast, Steuern und Lohnnebenkosten, die jedes erträgliche Maß seit langem überschritten und die wirtschaftliche Freiheit bereits gründlich ruiniert haben. Und da viele „Lobbyisten" und Interessenvertreter in Politik und Verwaltung von dieser fatalen Entwicklung profitieren und das Gemeinwohl aus dem Auge verloren haben, sind durchgreifende Reformen nicht zu erwarten. Wer kann es da vielen Unternehmern verdenken, wenn sie – wie der Landmann in unserem Gleichnis – entnervt ihre Sachen zusammenpacken und sich einen Ort suchen, wo sie besser behandelt werden?

Es gibt unter den Unternehmern aber auch duldungsfähige und hartnäckige Charaktere – fast hätte ich gesagt, Ochsen –, die das Feld nicht so leicht räumen wollen. Ich denke, es ist auf den vorhergehenden Seiten deutlich geworden, dass ich mich selbst eher zu dieser Spezies zähle. Jedenfalls nahm ich mir für das Jahr 1997 vor, den Kampf für unsere Klosterbrauerei und das gute Recht unseres Bieres, ein Bier zu sein, mit unvermindertem Elan fortzusetzen. Nicht zuletzt das Beispiel der alten

Mönche von Neuzelle hat mir hierzu immer wieder Mut gemacht.

Als Voraussetzung für unser unternehmerisches Überleben und die Fortsetzung des Kampfes gegen eine uneinsichtige Bürokratie hatten wir es geschafft, unser Schwarzbier – wenn auch unter anderem Namen – zu erhalten. Nicht ohne Stolz präsentierten wir im Januar auf der „Grünen Woche" in Berlin unsere Produkte. Bei so viel Öffentlichkeit wird auch die Politik angelockt. Es ist üblich, dass Prominenz der Landesregierung zur Eröffnung der „Grünen Woche" durch die Hallen zieht und die Stände begutachtet. In diesem Jahr war es wiederum der Landwirtschaftsminister persönlich, der sich die Ehre gab und die Runde machte.

Pikanterweise war es nicht zu vermeiden, dass der Minister auf seinem Gang durch die Hallen auch an unserem Neuzeller Stand vorbeikam. Wie jedes Jahr stellte sich auch diesmal die spannende Frage: Wie wird sich Herr Zimmermann verhalten? Bleibt er stehen, geht er vorbei? Redet er gar mit uns? Es gab drei Möglichkeiten:

1. Minister Zimmermann ignoriert die Neuzeller Klosterbrauerei und geht schnell zum nächsten Stand weiter.
2. Minister Zimmermann macht gute Miene zum bösen Spiel, tritt an unseren Stand und spricht sogar einige Worte mit den Mitarbeitern.
3. Minister Zimmermann riskiert die höchste Eskalationsstufe und trinkt das ihm angebotene Neuzeller Schwarzbier, das seit neuestem als „Schwarzer Abt" getarnt ist.

Tatsächlich spielte sich Folgendes ab: Minister Zimmermann – sich immer der Presse in seinem Rücken bewusst – tritt an den Stand der Neuzeller Klosterbrauerei, begrüßt die anwesenden Mitarbeiter etwas frostig und greift forsch nach einem Glas auf dem ihm entgegengehaltenen Tablett. Prüfend dreht er es in der Hand hin und her, erkennt die Aufschrift „Schwarzbier", stutzt eine Sekunde lang und … stellt das Glas mit der Bemerkung zurück: **„Das ist ja kein Bier!"**; dreht auf dem Absatz um – eilt von dannen und ward nicht mehr gesehen.

Wer sich über solch kleinliche Rachsucht ärgert, hat sicher Recht; darf aber nicht vergessen, dass wir es Herrn Zimmermann in der Vergangenheit auch nicht einfach gemacht hatten und dies auch in Zukunft sicher nicht tun würden. Die Reaktion des Politikers zeigt jedoch, wie wenig er den ganzen Sachverhalt des Streites begriffen hatte; denn in dem Glas war sehr wohl Bier – es durfte nur nicht als solches bezeichnet werden. Dass die Aufschrift des Glases den richtigen Namen des Getränkes angab, war nur ein Zufall – denn die Klosterbrauerei Neuzelle vertrieb innerhalb ihrer Produktpalette seit neuestem ein Schwarzbier, das nicht nur ein solches war, sondern auch offiziell als solches bezeichnet werden durfte: das „Neuzeller Klosterbräu Schwarzbier – Extra Stark". Das Besondere daran war, dass dieser Gerstensaft im Gegensatz zum „Schwarzen Abt" keinen Zuckerzusatz enthielt, sondern ganz einfach ein herbes Starkbier mit 7 % Alkohol und 18 % Stammwürze war – streng nach dem Deutschen Reinheitsgebot erzeugt! Durch diese Maßnahme konnten wir sicherstellen, dass unsere Werbemaßnahmen für unser Schwarzbier nicht kostenintensiv umgestellt werden mussten. Hätte Minister Zimmermann dies gewusst, vielleicht hätte er das Glas guten Gewissens ausgetrunken.

Warum eigentlich Biersteuern zahlen?

Erfindungsreichtum und Flexibilität sind die Elixiere, die den Unternehmer am Leben erhalten. Das gilt für Betriebsführung und Marketing, ganz besonders aber für das Finanzmanagement. Es gehört zur Pflicht eines jeden Unternehmers, ständig auf der Suche nach Möglichkeiten zur Ausgabensenkung zu sein. Wie gut, dass mir bei der Suche nach Einsparmöglichkeiten ausgerechnet die Behörden auf die Sprünge geholfen hatten. Mit der amtlichen Bestätigung, dass es sich bei unserem Schwarzbier „Schwarzer Abt" nicht um ein „Bier" im Sinne des Gesetzes, sondern um ein „Mischgetränk" handele, taten sich Chancen der Steuerersparnis auf. Die Behörde war auch bei dieser Auffassung geblieben, nachdem ich nach Jahreswechsel mit dem Hinweis auf einen Kommentar zum „Vorläufigen Biergesetz", wonach unser „Schwarzer Abt" eindeutig zum Stoffbegriff „Bier" zu rechnen sei, gegen den Bescheid Einspruch eingelegt hatte. Durch die Einordnung des Schwarzbieres als „Mischgetränk" konnten uns namensrechtliche Schwierigkeiten drohen. Ministerialrat Dr. Desselberger antwortete, dass der Stoffbegriff „Bier" zwar sehr weit gefasst, aufgrund der Bestimmungen des Lebensmittelrechtes der „Schwarze Abt" aber als Mischgetränk anzusehen sei. Dabei gab Dr. Desselberger zu, dass das gesamte Bierrecht in sich nicht schlüssig sei und zu „Auslegungsschwierigkeiten" führe. Er lud mich dazu ein, bei einer Neufassung der einschlägigen Vorschriften auf meine Erfahrungen als „Vertreter einer kleinen Brauerei" zurückzugreifen. Im Übrigen betrachtete er den Streit um unser Schwarzbier mit der kürzlich erfolgten Einigung über die Neukennzeichnung als beendet.

Da hatte er sich gründlich verrechnet! Dr. Desselberger hatte erneut geflissentlich übersehen, dass das anhängige Gerichtsverfahren noch nicht abgeschlossen und damit die Rechtsauffassung des Ministeriums noch nicht bestätigt war.

Unser Schwarzbier hatte seit geraumer Zeit einen Anteil von stolzen 70 % am Gesamtumsatz der Brauerei erreicht, was einem Volumen von ca. 5 Millionen DM jährlich entsprach. Dabei hatten wir neben den anderen Abgaben rund 500 000 DM an Biersteuern zu bezahlen. Wenn aber unser Schwarzbier – wie zum wiederholten Male behördlich bestätigt – kein „Bier" war, warum führten wir Biersteuern ab? Ich rechnete seit 1993 hoch; da kam schon eine ganz ansehnliche Summe zu viel entrichteter Steuern zusammen. „Wer A sagt, muss auch B sagen", dachte ich mir und bat schriftlich beim Hauptzollamt in Frankfurt an der Oder um Befreiung von der Biersteuer. Das nächste Kapitel im Bierstreit war eröffnet.

Die Verwirrung wird vollständig

Mitte Februar 1997 ging uns die endgültige Entscheidung im laufenden Verfahren gegen das Land Brandenburg vor dem Verwaltungsgericht in Frankfurt/Oder zu. Wie schon nach der mündlichen Verhandlung im September vergangenen Jahres zu erwarten war, fiel das Urteil für uns ungünstig aus. In allen Punkten hatte sich das Gericht der Ansicht der Behörden angeschlossen.

Dem Ministerium wurde höchstrichterlich bescheinigt, es habe Recht getan, uns keine Ausnahmegenehmigung für unser Schwarzbier zu erteilen, da jedes in Deutschland hergestellte Bier ohne Einschränkung dem Reinheitsgebot unterläge und ein Zuckerzusatz in keinem Falle zulässig sei. Außerdem bestritt das Gericht, dass es sich bei unserem Schwarzbier überhaupt um ein „besonderes Bier" handele, da lediglich der Zuckerzusatz zur Geschmacksveredelung für ein solches Prädikat nicht ausreiche; im Übrigen nur Stoffe hinzugefügt werden dürften, die keine Malzersatzstoffe seien, und damit Zucker kategorisch ausgeschlossen sei. Die Richter verwarfen bezeichnenderweise auch die von uns gebrachten gutachterlichen Stellungnahmen mit der merkwürdigen Begründung, dass solche in einer rein rechtlichen Beurteilung des Sachverhaltes keine Rolle spielen könnten. Auch den Hinweis auf das EU-Recht, wonach im Ausland hergestellte „unreine" Biere in Deutschland verkauft werden durften, ließ das Gericht nicht gelten. Eine Benachteiligung der deutschen Brauer vereinbare sich in diesem Falle durchaus mit europäischem Recht.

Wir sahen durch das Urteil unsere eigenen rechtlichen Auffassungen nicht widerlegt. Nach wie vor war zu bestreiten, dass nach dem Wortlaut der gesetzlichen Bestimmungen ein Zuckerzusatz grundsätzlich verboten war, wie das Gericht es behauptete. Hatte es einen Sinn, wenn ausgerechnet ein Zusatzstoff, der seit Jahrhunderten traditionell dem Klosterbier zugesetzt wurde und der noch dazu ein reines Lebensmittel war, von der Herstellung „besonderer" Biersorten ausgenommen sein sollte? Zudem war der Zuckerzusatz keineswegs das alleinige Kriterium für die Einordnung unseres Bieres als ein „besonderes", sondern der gesamte, nach uralter Rezeptur vorgenommene Herstellungsprozess – dies hatten die von uns in Auftrag gegebenen Gutachten eindeutig herausgestellt. Deshalb war auch die Zurückweisung der Gutachten durch das Gericht für uns nicht nachzuvollziehen. Wenn das deutsche Reinheitsgebot als besonders schützenswerte Tradition allgemein anerkannt wurde, warum dann nicht auch eine jahrhundertealte Klosterbrautradition? Insgesamt blieb aber – wie auch das Gericht bestätigte – der Begriff des „besonderen Bieres" sehr unklar und der jeweiligen Auslegung der Behörden überlassen. Er musste demnach zwangsläufig der Feststellung durch einen unabhängigen Gutachter unterliegen.

All diese Fragen blieben ungeklärt, sodass die Anrufung der nächsthöheren Instanz – das Oberverwaltungsgericht – für uns Pflicht und Notwendigkeit zugleich war. Der bittere Nachgeschmack, dass das Gericht in der Auslegung der strittigen Rechtsfragen allzu eifrig den Behörden entgegengekommen war, blieb zurück.

Auch auf Seiten der Presse war das Urteil mit Spannung erwartet worden. Fast alle regionalen und überregionalen deutschen Tageszeitungen berichteten in den folgenden Tagen ausführlich über die erste Rechtsentscheidung zur „Brandenburger Bierposse". Dabei wurde immer wieder meine schon früher geäußerte Absicht zitiert, notfalls bis zum Europäischen Gerichtshof zu ziehen, um den Streit für die Neuzeller Klosterbrauerei und damit auch für die Interessen des Klein- und Mittelstandes gegen die große Lobbyistenmacht zu entscheiden. Nicht alle Kommentare waren uns freundlich gesinnt. Mancher Redakteur begleitete unsere Niederlage mit Häme, wie das folgende Beispiel zeigt:

„Wahre Bierkenner haben es schon immer gewusst: Schwarzbier ist gar kein Bier. Kein richtiges jedenfalls. Und beim Neuzeller Klosterbräu-Schwarzbier war ja eh alles klar: Viel zu süß, die Molle! Doch dass das süffige Getränk, wenn es überschäumt, stets den Bierdeckel am Glas festkleben lässt, stieß eines Tages auch dem Gesetzgeber auf. Es ist Zucker im Spiel!

Geht es den Deutschen ans Bier, hört bekanntlich die Gemütlichkeit auf. Das hätte man auch in Neuzelle wissen können. Und was ein Bier ist, steht felsenfest – für alle Zeiten geregelt durch das Deutsche Reinheitsgebot, ein hohes Kulturgut. Solls ein Bier werden, dürfen nur Gerstenmalz, Hopfen, Hefe und Wasser in den Bottich. Recht taten die Beamten im Agrarministerium, als sie das Neuzeller Ansinnen, per Ausnahmeregelung Zucker in den deutschen Nationaltrunk zu schummeln, zurückwiesen."

(Thomas Morgenstern in der „Märkischen Oderzeitung" am 22./23.02.1997)

Wer hier schummelte, war freilich noch lange nicht entschieden. Wenn das Deutsche Reinheitsgebot ein – was auch immer meine Meinung war – „hohes Kulturgut" darstellte, so galt dies auch für die mehr als 400 Jahre alte Tradition eines deutschen Klosterbieres. Die Integrität des „deutschen Nationaltrunkes" war weniger durch die Neuzeller Klosterbrauerei, als durch ein völlig absurdes und in sich widersprüchliches Bierrecht im Verein mit einer praxisfernen Auslegung durch Behörden und Justiz gefährdet.

Während wir uns an die Begründung des Berufungsantrages vor dem Oberverwaltungsgericht machten, erreichte mich ein Gutachten der Oberfinanzdirektion Berlin, wo man eine Probe unseres guten „Schwarzen Abtes" einer eingehenden Untersuchung unterzogen hatte und – o Wunder! – zu der Auffassung gelangt war, dass es sich bei dem vorliegenden Getränk um Bier handele. Es wäre sicherlich auch eine Überraschung gewesen, wenn die nunmehr dritte Behörde, die sich über unseren Gerstensaft hermachte, nicht zu einer noch anderen Beurteilung der Sachlage gekommen wäre, als die ersten beiden. Nach dem ins Feld geführten Steuergesetz war unser Schwarzbier kein „Mischgetränk". Eine „Mischung mit einem nicht alkoholischen Getränk" lag nicht vor. Ein Zusatz von Zucker sei steuerrechtlich kein Kriterium, nach dem ein Bier kein „Bier" sein durfte. Entscheidend sei die Tatsache, dass es sich um ein vergorenes Erzeugnis aus Hopfen, Malz und Wasser handele. Das Reinheitsgebot sei hierbei kein Thema! Versteht sich von selbst, dass mein Antrag auf Befreiung von der Biersteuer durch die Oberfinanzdirektion mit Bedauern abgelehnt wurde. Meine Enttäuschung hierüber hielt sich in Grenzen angesichts der Tatsache, dass eine Behörde unser Bier endlich als solches anerkannt hatte!

Ich ließ mir diesen Sachverhalt genüsslich auf der Zunge zergehen: Unser Neuzeller Schwarzbier war also

- **lebensmittelrechtlich** kein Bier, da es formal den Anforderungen des Deutschen Reinheitsgebotes nicht entsprach;
- **steuerrechtlich** aber sehr wohl ein Bier, weil hier das Deutsche Reinheitsgebot keine Rolle spielte.

Die Quintessenz lautete: Egal wie die rechtlichen Bestimmungen für ein Produkt auch gestaltet sein mochten oder ausgelegt werden konnten – der Fiskus hält immer die Hand weit auf! Ob der in unserem Rechtssystem geltende Grundsatz der Rechtsgleichheit und der Gleichbehandlung vor dem Gesetz dadurch verletzt wurde, interessierte die Bürokratie nicht.

Jeder kann verstehen, dass wir ob dieser erneuten Rechtsverwirrung mit umso größerem Eifer an die Vorbereitung der Berufungsverhandlung gingen. Von der offensichtlichen Diskriminierung inländischer Brauereien bis hin zu einer eklatanten Ungleichbehandlung im deutschen Lebensmittel- und Steuerrecht – Ansatzpunkte für eine erfolgreiche Revision des Urteils waren ausreichend vorhanden.

Mehr noch als das Urteil des Verwaltungsgerichtes war die Mitteilung der Oberfinanzdirektion ein gefundenes Fressen für die Presse. Die in den Schlagzeilen zu findenden Begriffe *„Frechheit"* und *„grotesk"* waren noch die harmlosesten Urteile der Journalisten für diese neue Dimension der bierrechtlichen Verwirrung im Lande Brandenburg. Insbesondere wurde die berechtigte Frage aufgeworfen, ob der deutsche Bierkonsument angesichts der Tatsache, dass er anteilig die Biersteuer zu entrichten habe, nicht auch den Anspruch habe, dass das entsprechende Produkt – also unser Schwarzbier – offen und ehrlich als das bezeichnet werden könne, was es war, nämlich Bier! Musste sich der Verbraucher hier nicht verschaukelt vorkommen?

Nicht lange dauerte es und das Potsdamer Landwirtschaftsministerium sah sich getrieben, zu diesen Widersprüchen – von der Presse bedrängt – Stellung zu nehmen. Wiederum war es Ministerialrat Dr. Desselberger (der einem langsam schon Leid tun konnte), welcher von seinem Minister vorgeschickt wurde, um den vergeblichen Versuch zu unternehmen, etwas Licht in die bürokratische Konfusion zu bringen. Was dabei herauskam, hörte sich auch diesmal wenig überzeugend an:

„Ist Bier nach Verfahren und verwendeten Stoffen im Sinne des Reinheitsgebotes hergestellt worden, so ist es stets Steuergegenstand im Sinne des Biersteuergesetzes. Werden die Reinheitsgebote verletzt oder ganz gezielt Getränke (z.B. Schwarzer Abt) hergestellt, die hinsichtlich verwendeter Stoffe und Verfahrensabläufe nur eine mehr oder weniger große Ähnlichkeit mit den erlaubten Produkten haben, so kann es sich unabhängig von dem Bezeichnungsverbot trotzdem um einen Steuergegenstand im Sinne des Biersteuergesetzes handeln ..."

Wenn es zur Verpflichtung zum Steuerzahlen ausreiche, dass das Produkt „nur eine mehr oder weniger große Ähnlichkeit" mit Bier hat, warum sollte es nicht auch so bezeichnet werden können? Bei so viel Verwirrung war es kein Wunder, dass ich für den Sommer spontan eine Neuauflage unserer erfolgreichen „Brandenburger Amtsposse" plante.

Inzwischen hatte zu meiner großen Genugtuung die Mitgliederversammlung des Verbandes mittelständischer Privatbrauereien das im Dezember 1996 gegen uns eingeleitete Ausschlussverfahren eingestellt. Der Verband hatte zur Kenntnis genommen, dass wir den Auflagen der Behörden Rechnung getragen hatten und uns keine rechtlichen Verstöße mehr anzulasten waren. Wie gerne der Verband dies auch getan hätte – so einfach konnte er uns nicht loswerden.

Bier und Bananen – zwei ähnliche Possen

Wie sehr unser in das fünfte Jahr gehende Bierstreit mit der brandenburgischen Landesregierung mittlerweile auch internationale Dimensionen angenommen hatte, wurde mir klar, als mich im März 1997 ein Schreiben der Hamburger Anwaltskanzlei Feddersen et al. erreichte. Dort hatte man in der Presse über unsere Auseinandersetzungen mit der inländischen Bürokratie gelesen und sofort Interesse an dem Fall entwickelt. Die Hamburger Kanzlei beschäftigte sich intensiv mit Fragen des Lebensmittelrechts in seinen unterschiedlichen nationalen und internationalen Facetten. Seit längerem kämpften die Anwälte für die Beseitigung der durch die EU-Binnenmarktordnung entstandenen Diskriminierung deutscher Importeure von sogenannten „Drittlandsbananen". Wie interessant, dachte ich bei mir, sollte es etwa eine Verbindung zwischen unserem Gerstensaft und dem krummen Obst geben? Und tatsächlich, die von den Rechtsanwälten geschilderte Bananenproblematik stellte eine ähnlich obskure Bürokratenposse dar wie unser Schwarzbierstreit: Mit hohen Subventionen schützte die Europäische Union die Bananenproduktion in französischen Überseegebieten und den mit der EU assoziierten Staaten Afrikas, der Karibik und des Pazifiks. Gleichzeitig durften jedoch billige „Dollar-Bananen" aus lateinamerikanischen Ländern nur noch begrenzt auf den europäischen Markt kommen. Eine völlig unsinnige Regelung, welche die Verbraucher Jahr für Jahr Millionen Mark kostete. Auch deutsche Bananenimporteure gehörten zu den Benachteiligten, durften sie doch nur die teuren Subventionsbananen einführen und verkaufen. Nach Meinung der Rechtsexperten ein klarer Verstoß gegen das Verfassungsgebot der Gleichbehandlung vor dem Gesetz! Ein Vergleich mit der „umgekehrten Diskriminierung" deutscher Bierbrauer durch das nur für sie geltende Reinheitsgebot drängte sich förmlich auf!

So sahen das auch die Hamburger Rechtsanwälte und waren der Überzeugung, dass eine Überprüfung der vom Frankfurter Verwaltungsgericht gebilligten Behördenpraxis anhand des deutschen Verfassungsrechtes zum Kippen des Reinheitsgebotes führen könnte. Ein außerordentlich brisanter Gedanke mit weitreichenden Folgen!

Die Kanzlei erbot sich, mit uns ein Gespräch über diese Problematik zu führen und hierüber eine Denkschrift zu verfassen. Ein Angebot, das ich gern annahm, denn für jede Schützenhilfe in unserem Kampf gegen die bürokratischen Auswüchse waren wir dankbar. Und so sahen die Anwälte der Hamburger Kanzlei unseren Fall: Die Neuzeller Klosterbrauerei sah sich durch das Deutsche Reinheitsgebot gegenüber Biererzeugern aus anderen Mitgliedstaaten der Europäischen Union benachteiligt, weil Letztere ein vergleichbares Produkt im Gegensatz zu uns als „Bier" auf den deutschen Markt bringen durften. Dies stellte einen klassischen Fall von „Inländerdiskriminierung" dar, da das europäische Recht für ausländische Bürger günstigere Regelungen vorsah als das nationale Recht; ein Ergebnis der Tatsache, dass die deutsche Bierlobby „ihr" Reinheitsgebot trotz des freien Warenverkehrs innerhalb der Gemeinschaft bewahren konnte (Urteil des Europäischen Gerichtshofes aus dem Jahre 1987). Unser Fall berührte jedoch das Gebot des freien Warenverkehrs in der EU in keiner Weise, da die Neuzeller Brauerei in Deutschland ansässig war, ihr „verleugnetes" Schwarzbier in Deutschland herstellte und auch hier auf den Markt brachte. Also handelte es sich um eine rein nationale Angelegenheit, um eine Problemstellung deutscher Rechtsprechung.

Der Gleichheitsgrundsatz des deutschen Verfassungsrechts war gefordert. Danach sind alle Menschen vor dem

Gesetz gleich, woran sich alle bundesdeutschen Gesetze – also auch das „Vorläufige Biergesetz" – messen lassen müssen. Nach Meinung der Anwälte konnte eine Überprüfung des Frankfurter Urteils ergeben, dass für einen inländischen Sachverhalt die gleiche Regelung gelten müsse wie für einen ausländischen; sprich: wir dürften unser Schwarzbier nach europäischem Recht als „Bier", wenn auch abweichend vom Reinheitsgebot, auch hierzulande verkaufen.

Die Hamburger Anwälte empfahlen uns, auf eine Anrufung des Europäischen Gerichtshofes zu verzichten, da dieser bei einem rein nationalen Sachverhalt nicht zuständig sei. Stattdessen rieten sie uns, möglichst zügig eine Klärung vor dem Bundesverfassungsgericht herbeizuführen, um Zeit und Kosten zu sparen.

Ob dieser interessanten Perspektive entschied ich mich, mein weiteres Vorgehen sehr eng mit der Hamburger Anwaltskanzlei abzustimmen. Ich übersandte den Juristen an der Elbe das Urteil des Frankfurter Verwaltungsgerichtes mit der Bitte um eine rechtliche Bewertung, die auch schnell erfolgte. Sie hielten die Urteilsbegründung – bei allem gebotenen Respekt vor den Richtern – für am Kern vorbeigehend. Ein zusätzlicher Ansporn, die Entscheidung schnell anzufechten!

Von Begründungsnotstand zu Begründungsnotstand

Da das Bierrecht sich in fast allen wesentlichen Bestimmungen – national und international – als völlig widersprüchlich herausstellte, kamen die Verantwortlichen der Landesregierung in Potsdam von einem Begründungsnotstand in den anderen. So musste sich am 15. Mai 1997 zur Abwechslung die Finanzministerin des Landes Brandenburg, Frau Wilma Simon, den erneuten Vorwürfen der Opposition in der Biersache stellen. Diese hatte angefragt, warum die Oberfinanzdirektion in Berlin die Neuzeller Brauerei zur Zahlung von Steuern für ein Bier aufforderte, das angeblich kein Bier sei, und wann die Landesregierung angesichts der offensichtlichen Widersprüche in den Gesetzen endlich geruhe, die bisher so beharrlich verweigerte Ausnahmegenehmigung für das Neuzeller Schwarzbier zu erteilen?

Frau Simon musste zähneknirschend zugeben, dass der Gesetzgeber das Steuerrecht sehr weit gefasst habe (damit auch ja nichts durch die Lappen gehe) und nach demselben Gesetz nicht nur Bier, sondern auch verschiedene Sorten von Mineralwasser besteuert würden! So käme es zustande, dass für das Neuzeller Schwarzbier-„Mischgetränk" Biersteuern zu entrichten seien, obwohl es – gemessen an dem Reinheitsgebot – gar kein richtiges Bier sei. Es folgte die Erklärung der Finanzministerin, dass dies alles sehr vernünftig sei, da sich sonst jeder Bierbrauer durch Zugabe irgendwelcher Stoffe der Verpflichtung zur Biersteuer entledigen könne.

Wir waren nicht faul und nutzten diese Verwirrung weidlich aus. Schon am 21. Mai 1997 stellten wir beim Agrarministerium nochmals den Antrag, unserem Schwarzbier die Genehmigung zur Herstellung und Inverkehrbringung als „Bier" zu erteilen. In der Begründung bezogen wir uns auf das steuerlose Chaos in Sachen Biersteuern und machten geltend, dass die bisherige Auffassung der Verwaltung, dass es sich bei dem „Schwarzen Abt" nicht um Bier handelte, durch die gegenteilige Feststellung der Oberfinanzdirektion Berlin hinfällig sei. Wir drängten auf die Herstellung der Rechtsgleichheit in dieser Sache, indem das Ministerium unser Bier endlich zu „Bier" erklären solle. Ehrlich gesagt, ich hatte nur geringe Hoffnung, dass sich die Herren Zimmermann und Kollegen in Potsdam noch durch unsere Argumentation eines Besseren belehren lassen würden. Tatsächlich schien der gerichtliche Weg die einzige Möglichkeit zur Lösung des Dilemmas zu sein. Da traf es sich gut, dass unsere Neuauflage der „Brandenburger Amtsposse", diesmal der Jahrgang 1997, fertig war und in der wiederum limitierten Anzahl von 100 000 Flaschen voraussichtlich im Juni unser Lager verlassen konnte. Kein Zweifel: Auch diesmal würden sich Bierliebhaber und Sammler um diese einmalige Rarität reißen. Und unsere gerechte Sache fand immer größere Verbreitung und Anhängerschaft. Diesmal riefen wir sogar zum Mitmachen auf und baten unsere Kunden auf dem Rückenetikett, uns ihre Meinung zur neuesten Eskalationsstufe des Bierstreites zu übersenden – alles unter dem Titel:

Verstehen Sie das?
Schmeckt wie Bier, sieht aus wie Bier, darf aber lebensmittelamtlich nicht so heißen.
Aber eines darf es: Biersteuern zahlen!
Wie kann das sein, werden Sie sich als Biergenießer fragen?
Ganz einfach, weil es nach den Steuergesetzen zu Recht ein Bier ist.
Nach dem Willen des brandenburgischen Landwirtschaftsministeriums darf es aber die Bezeichnung Schwarzbier nicht führen.
Ist das gerecht?
Schreiben Sie uns als Steuerzahler und Bierliebhaber Ihre Meinung zu dieser Amtsposse.

Der Schwarze Abt bringt uns auf neue Ideen

Viele von Ihnen werden sich gefragt haben, was unser Schwarzer Abt – also nicht das Bier, sondern der richtige Schwarze Abt Hermann – zur aktuellen Entwicklung des Streites zu sagen hatte. Wie ich berichtete, war der ehrwürdige Klostervorsteher, nachdem er mich bei unserem ersten Gespräch auf so manche gute Idee gebracht hatte, nicht in seiner Gruft verschwunden. Er wollte uns nicht nur mit Rat und Tat zur Seite stehen, sondern sich in unserer gegenwärtigen Welt etwas umtun und die Segnungen der modernen Technik genießen. Betont sei, dass sich Abt Hermann besonders von der heutigen Bierherstellung angetan zeigte. Waren wir heute doch in der Lage, große Mengen des köstlichen Nasses herzustellen und zu verbreiten, ohne bei der althergebrachten Tradition und der Qualität des Getränkes Abstriche machen zu müssen. Wie viele Menschen in aller Welt konnten so in den Genuss des Neuzeller Klosterbieres kommen! Eine zu früheren Zeiten undenkbare Sache. Ebenso begeistert war Abt Hermann – ein äußerst genügsamer Charakter – von den vielen kleinen Annehmlichkeiten des täglichen Lebens, von denen das Mittelalter nur träumen konnte. So war es für ihn ein besonderer Spaß, täglich das Bad meines Büros zu benutzen. Das ständig in beliebiger Menge verfügbare heiße Wasser riss ihn geradezu zu Begeisterungsstürmen hin. War es doch zu seiner Zeit lediglich möglich, einmal im Monat ein ausgiebiges Bad in einem unbequemen Holzzuber zu nehmen! Das ein oder andere Mal hielten wir während einer solchen Badestunde ein kleines Schwätzchen ab, bei dem ich dem Schwarzen Abt regelmäßig über den neuesten Sachstand in der Brandenburger Amtsposse berichtete. Ganz besonders amüsiert zeigte er sich über den Erfindungsreichtum und die Spitzfindigkeit der Rechtsanwälte, was ihn dazu brachte, Vergleiche mit den gewitzten Mönchen seines Zeitalters zu ziehen. Wenn es darum ging, der Obrigkeit das eine oder andere Schnippchen zu schlagen, waren die „ollen Klosterbrüder" schon anno dazumal alles andere als einfallslos.

Als besonders gerissen hatte sich dabei ein Mönch des Neuzeller Klosters mit Namen „Bibulibus" erwiesen, jener Bruder, der mir schon hinreichend aus den Annalen bekannt war – war er es doch, der als klösterlicher Braumeister die Rezepturen der köstlichen Bierspezialitäten als Erster aufschrieb und sich damit das unvergängliche Verdienst erwarb, uns diese zu überliefern. Dieser Bibulibus – so erzählte mir der Abt, während er etwas Schaum seines Bades durch die Gegend pustete – hatte sich einmal einen kleinen Scherz mit dem Gesandten des böhmischen Königs erlaubt, der sich auf der Reise durch die Lausitz einige Tage als Gast im Kloster aufhielt. Jener Beamte mit Namen Edewinus war nicht nur ein penibler Saubermann gewesen, der in beständiger Furcht vor der Pest nach jedem Stäubchen Schmutz Ausschau hielt und damit den Bruder Haushofmeister pausenlos auf die Palme trieb, sondern auch ein eingefleischter Abstinenzler mit einer unüberwindlichen Abneigung gegen jede Form von Alkohol – selbst in Form des im Kloster hergestellten Gerstensaftes. Deshalb überschüttete Edewinus den Bruder Bibulibus unablässig mit heftigen Vorwürfen, wie er es mit seinem christlichen Gewissen vereinbaren könne, dass er die Mönche mit dem „elenden und teuflischen Gesöff" zu Säufern mache und vom Beten und Arbeiten abhielte. Die Nörgelei reichte dem guten Bibulibus irgendwann und er beschloss, dem königlichen Gesandten eine gehörige Lektion zu erteilen. Da unser Bruder Braumeister wusste, dass Edewinus aufgrund seines Reinlichkeitsfimmels zweimal täglich ein Bad im Holzzuber zu nehmen pflegte, entschloss er sich zu einer kleinen Manipulation: Eines Abends vertauschte er das **Wasser** mit heißem, frisch gebrautem Neuzeller **Klosterbier**. Aufgrund des schummrigen Halbdunkels in der nur mäßig beleuchteten Waschküche blieb dies dem ahnungslosen Edewinus verborgen und er machte es sich arglos im schäumenden Kübel bequem. Bibulibus, der sich hinter einem Vorhang versteckt hatte, erwartete gespannt, was geschehen würde. Und was sah er? Anstatt wie eine begossene Katze aus dem Trog zu schießen, schien sich der erklärte Bierfeind von Minute zu Minute wohler zu fühlen, ja, er begann nach einiger Zeit sogar zu singen! Es verging mehr als eine Stunde, bis der Badende fröhlich und fidel dem Nass entstieg und beim anschließenden Nachtmahl voll des Lobes über die „herrliche Tinktur" war, die man ihm ins Bad gegeben hatte, und unbedingt die Zusammensetzung der „geheimnisvollen Gewürze" erfahren wollte, denen er es zu verdanken habe, dass er sich so rundum gesund und wohlig fühle, wie noch nie. Man kann sich die Überraschung des Bruders Bibulibus lebhaft vorstellen, als er auf diese Weise erfuhr, welch ungeahnte Wirkung sein Gebräu bei äußerlicher Anwendung hatte!

Während der Abt und ich über die köstliche Anekdote herzlich lachten, dachte ich daran, dass wir in Neuzelle erst vor wenigen Tagen unseren alljährlichen „Bibulibus-Tag" begangen hatten, mit dem der schlitzohrige Braumeister seit 1993 bei uns an jedem Himmelfahrtstag geehrt wird. Auch in diesem Jahr waren wieder tausende Besucher herbeigeströmt, um sich bei herrlichstem Frühlingswetter unser Klosterbier unter strahlend blauem Himmel schmecken zu lassen. Neben musikalischen Darbietungen, traditionellem Handwerk aus der Region, einem bunten Trödelmarkt und zahlreichen Ständen mit kulinarischen Genüssen rund um den Klosterteich hatten unsere Gäste Gelegenheit, einen Blick hinter die Kulissen der alten klösterlichen Braukunst zu tun und sich an den Kunstschätzen des Klosters und der Landschaft im Schlaubetal und an den Ufern der Oder zu erfreuen. Auch Abt Hermann hatte sich nicht davon abhalten lassen, einen ausgiebigen Rundgang zu machen – ungestört, denn außer mir konnte ihn ja niemand sehen – und das eine oder andere Glas des Getränkes zu genießen, dem wir seinen Namen gegeben hatten. Jetzt hatte ich erneut Anlass, meinem geheimnisvollen Ratgeber dankbar zu sein. Hatte er mich doch mit der Edewinus-Geschichte wieder auf eine hervorragende Idee gebracht ... In Bier baden, dachte ich ... Das ist eine großartige Geschäftsidee.

Die Probleme mit Gericht und Behörden nehmen kein Ende

Es war geradezu ein Wunder, dass die Scharen der Touristen (im Jahr sind es inzwischen mehr als 20 000!) überhaupt zu uns fanden, ohne einen Kompass benutzen zu müssen. Seitdem ich in Neuzelle bin, ärgere ich mich nicht nur über die Borniertheit der Behörden in Bezug auf unser Schwarzbier, sondern auch über deren Ignoranz, was das Gespür für wirtschaftliche Belange der Region betrifft. Ein Beispiel hierfür ist die touristische Erschließung. Wenn man mit diesem Pfund wuchern wollte, müsste der Besucher doch wissen, wo er hinfahren soll und wie er in das schöne Schlaubetal oder in das geschichtsträchtige Neuzelle kommt. Wie ein Prediger in der Wüste fordere ich deshalb seit langem, an der Autobahnabfahrt bei Müllrose Hinweisschilder zu unserem barocken Kleinod – der Klosterkirche – und der Neuzeller Klosterbrauerei oder auch nur einen Hinweis auf den Naturpark Schlaubetal anzubringen. Bislang vergeblich!

Öfter bekam ich Zuschriften oder Anrufe von Kunden, die mich fragten, auf welchem Wege sie am besten zu uns kämen. Ich sagte den Leuten immer scherzhaft: „Lasst in Müllrose die Fenster herunter und fahrt dann immer dem Geruchssinn nach, irgendwann riecht ihr die Brauerei!"

Doch so lustig war die Sache nicht. Obwohl damals vielerorts neue Hinweisschilder aufgestellt worden waren und man inzwischen zu jedem kleinen Dörfchen fand, fehlten ausgerechnet die Schilder nach Neuzelle, das mit seinen Sehenswürdigkeiten vieles zu bieten hatte.

Nicht ganz unberechtigt war die Frage: Warum weigert sich die Verwaltung so stur? Anderenorts sah das anders aus; zum Beispiel im nahen Cottbus. Dort saßen Verantwortliche, die gemeinsam mit den Unternehmern und im Interesse der Wirtschaft handelten und wussten, dass das Wohl und Wehe der Kommune von der wirtschaftlichen Entwicklung abhing. Und bei uns? Nicht nur das von mir genannte, banale Beispiel mit der Beschilderung zeigt, dass hier Professionalität fehlte. Wie sollten sich unter diesen Umständen neue Unternehmen ansiedeln? Die Verwaltung musste froh sein, wenn die vorhandenen durchhielten.

Es nahte der Sommer und mit ihm der Tag, an dem unsere „Brandenburger Amtsposse – Jahrgang 1997" zur Auslieferung bereitstand, um erneut viele unserer treuen Kunden und Fans weit und breit zu erfreuen – und daran zu erinnern, dass die Amtsposse ihren Fortgang nahm. Sie tat dies mit einem erneut unerfreulichen Vorgang: Das Oberverwaltungsgericht in Frankfurt an der Oder lehnte unsere Berufung gegen das Urteil des Verwaltungsgerichts im Verfahren gegen das Land Brandenburg ab und erklärte sie für unzulässig. Der Hintergrund hatte wieder etwas mit Bürokratie zu tun:

Nachdem das Urteil unseren Anwälten am 13. Februar 1997 zugegangen war, hatten wir am 11. März Berufung beim Oberverwaltungsgericht eingelegt. Gleichzeitig bat unser Rechtsanwalt um Verlängerung der Frist zur Vorlage der eingehenden Berufungsbegründung, die von der zuständigen Kammer auch bis zum 30. Mai 1997 gewährt wurde. Umso erstaunter waren wir, als uns am 20. Mai eine Mitteilung des Gerichtes erreichte, in der es hieß, dass die von uns eingelegte Berufung unzulässig und die Fristverlängerung irrtümlich erteilt worden sei. Die Begründung lautete, dass seit dem 1. Januar 1997 im Rahmen der Verwaltungsgerichtsordnung neue Bestimmungen galten, wonach bei einem Gerichtsverfahren ohne mündliche Verhandlung ein Berufungsantrag mit der vollständigen Begründung innerhalb von vier Wochen nach Zustellung des Urteils vorliegen musste. In diesem Sinne hatten wir formal die gesetzlichen Fristen versäumt und die Berufung war unzulässig.

Es war mehr als erstaunlich, dass das Gericht über seine eigenen Bestimmungen nicht Bescheid wusste. Selbstverständlich hielten wir den Berufungsantrag aufrecht und beriefen uns dabei auf die bereits eingeräumte Fristverlängerung, da uns der Irrtum des Gerichtes nicht zur Last gelegt werden konnte. Darüber hinaus machten wir die Auffassung geltend, dass in unserem Fall noch das alte Recht anzuwenden sei, da das Urteil noch vor dem 1. Januar 1997 ergangen sei, eine mündliche Verhandlung am 12. September 1996 stattgefunden habe und daher die Berufung zugelassen werden müsse.

Doch das Oberverwaltungsgericht verwarf unsere Argumentation mit dem Hinweis, dass es sich am 12. September um eine „Anhörung" und nicht um eine „mündliche Verhandlung" gehandelt habe. Deshalb sei das neue Recht anzuwenden.

Unser Rechtsanwalt konnte mir kaum noch Hoffnung machen, dass wir mit einer Beschwerde gegen diesen Beschluss erfolgreich sein würden. Damit wäre unser Rechtsstreit mit einem für uns negativen Ergebnis beendet gewesen. Was war zu tun? Ich musste eine Basis finden, um das Verfahren in der ersten Instanz wieder aufleben zu lassen. Da fiel mir ein, dass wir doch unseren „Schwarzen Abt" hatten. Vielleicht konnte uns diese Bierspezialität den Weg zu einer neuen Klage vor dem Verwaltungsgericht eröffnen. Gesagt, getan, am 21. Mai 1997 stellten wir den Antrag beim Landwirtschaftsministerium, den „Schwarzen Abt" als Bier in Verkehr bringen zu dürfen.

Wir hatten unseren Antrag mit der offensichtlichen Rechtsungleichheit zwischen dem Lebensmittel- und dem Steuerrecht begründet. Wenn unser Schwarzbier einerseits steuerrechtlich „Bier" war und wir dafür kräftig berappen mussten, so konnte es doch nicht angehen, dass der „Schwarze Abt" lebensmittelrechtlich kein „Bier" war und wir es nicht bei dem Namen nennen durften, der auf unseren alljährlichen Steuerbescheiden auftauchte.

Konsequent blieb Ministerialrat Dr. Desselberger im Ablehnungsbescheid, den wir am 2. Juni 1997 erhielten, bei der von seiner Behörde angerichteten Konfusion und verfuhr ganz im Sinne des berühmten Spruches von Wilhelm Busch: „*Ist der Ruf erst ruiniert, lebt sich's gänzlich ungeniert*". Er versuchte uns nochmals zu erklären, was nach den Gesetzen menschlicher Logik unerklärlich war, dass die „steuerrechtliche Beurteilung eines Getränkes als ‚Bier' nichts darüber sagt, unter welcher Bezeichnung dieses Getränk aus lebensmittelrechtlicher Sicht in den Verkehr gebracht werden darf". Dass wir dieser Verwaltungslogik, wonach „Bier" nicht gleich „Bier" ist, nach wie vor nicht folgen wollten, wird wohl jeder „normal" denkende Mensch verstehen können.

Für uns war jedenfalls der Hinweis am wichtigsten, dass wir gegen den Bescheid Rechtsmittel einlegen konnten. Vor dem Verwaltungsgericht konnten wir wieder eine Klage einreichen, die auf den Tatbestand der Rechtsungleichheit in den verschiedenen gesetzlichen Bestimmungen abhob. Hatte nicht das Ministerium mehrfach zugegeben, dass das gesamte Bierrecht in sich widersprüchlich war und dringend der Überarbeitung bedurfte? Dem ließe sich doch ein wenig auf die Sprünge helfen, so wahr wir Neuzeller Bierbrauer waren und uns auf die stolze Tradition eines Schwarzen Abtes und eines Bruders Bibulibus berufen konnten!

Im Dienste der Schönheit: ein Bier geht baden

Ab in die Wanne!

Nach langer Arbeit, Tages Mühn,
Beeilt' ich mich, ins Bett zu fliehn.
Sogleich in tiefen Schlaf ich sank;
Vernehmt, was träumend zu mir drang:

Ich irrte durch des Klosters Gänge,
Und hörte hohe Mönchsgesänge
Die lobend ihren Schöpfer priesen,
Und wunderbar den Weg mir wiesen.

In einen hohen Saal ich trat,
Der alte Abt mich zu sich bat.
„Hör zu, mein Sohn", tat er sich kund,
Wir beten hier zu jeder Stund,

dass jemand mit Verstand sich fände,
der sich mit uns sogleich verbände,
ein Wundermittel aufzufinden,
und dieses dann der Welt zu künden.

Neid, Hader, Hass und Zwist,
der Menschheit größtes Laster ist.
Doch unsre Kräuter hier versagen,
man müsste etwas andres wagen.

Ein Elixier, das vieles kann:
Beruhigen, trösten; dazu dann
Entspannen, pflegen und verwöhnen,
geeignet, alle zu versöhnen."

„Dies Mittel", *rief ich hocherfreut,*
„hab ich für Euch, Herr Abt, bereit!
Es wirkt nicht nur in allen Lagen,
es ist auch etwas für den Magen:

Mit Freude tu ich kund es hier,
es ist Neuzeller Badebier!"

Die neue, innovative Idee der Neuzeller Klosterbrauerei war nach meinem geheimnisvollen Gespräch mit dem Abt Hermann geboren: ein Bier, das im Dienste der Gesundheit und Schönheit „baden" geht. Waren sich doch schon die alten Ägypter und auch die Römer und Griechen der heilenden und pflegenden Wirkung des edlen Gerstensaftes bewusst. Vom griechischen Philosophen und Dichter Plutarch um 125 vor Christus stammt der Satz:

„Bier ist unter den Getränken das Nützlichste, unter den Arzneien die Schmackhafteste und unter den Nahrungsmitteln das Angenehmste."

Erinnern möchte ich, welche unerwartet guten Erfahrungen nach dem Bericht des Abtes Hermann der königliche Gesandte Edewinus seinerzeit im unfreiwilligen Bierbad des Bruders Bibulibus gemacht hatte!

Jetzt ging es an die Umsetzung unserer neuesten Innovation. Auf der Grundlage des Schwarzbieres entwickelte unser Braumeister eine besondere Rezeptur. Sie gewährleistete, dass die Ingredienzien harmonisch aufeinander abgestimmt waren und sich im Körper voll entfalten konnten. Dabei war sichergestellt, dass nach dem Baden kein Biergeruch wahrgenommen wurde. Nach einem halben Jahr war das „Original Badebier – Neuzeller Klosterbräu" entstanden.

Dass beim Brauen des Gerstensaftes in erster Linie an die innere Anwendung gedacht wurde, ist selbstverständlich. Aber jetzt sollte auch der „äußerliche Aspekt"

des Bieres zum Zuge kommen. Ist doch schon von alters her bekannt, dass die Hopfenbitterstoffe und besonders die in der Hefe enthaltenen Vitamine, Mineralien und Spurenelemente der natürlichen Pflege der Haut dienen. Nicht zuletzt sorgt die im Bier enthaltene Kohlensäure für Entspannung und Wohlbefinden – vorausgesetzt, man begibt sich in eine mit Bier gefüllte Badewanne und verbringt einige Zeit darin.

Genau dies tat ich, schließlich musste ein Selbstversuch die Gewissheit bringen, ob meine Vorstellung von Bekömmlichkeit und Wirksamkeit eines Neuzeller „Badebieres" den Sprung von der Theorie in die Praxis bestehen würde.

Also nichts wie die Wanne zur Hälfte mit auf angenehme Temperaturen gebrachtem Bier, zur anderen Hälfte mit Wasser gefüllt. Zur Probe entschloss ich mich, es zunächst einmal mit unserem herkömmlichen hellen, später dann auch mit dunklem Bier zu versuchen. Beides bewährte sich, war aber noch nicht restlos zufrieden stellend, da ich nach dem Bade etwas nach Bier roch. Am besten gefiel mir allerdings das Bad in unserem guten alten Schwarzbier.

Nicht zu betonen brauche ich, dass mich meine Mitarbeiter zunächst etwas erschrocken und dann entschieden mitleidig ansahen, als ich darum bat, mir das „bierige" Bad einzulassen. Womöglich hat unser guter Braumeister auch ganz spontan daran gedacht, einen Arzt herbeizurufen – angesichts der nicht ganz unberechtigten Vermutung, dass der Chef über dem ganzen Bierstreit vielleicht verrückt geworden sei.

Da die Kollegen jedoch ausgefallene Ideen von mir gewöhnt waren, blieb mir die Zwangsjacke glücklicherweise erspart. Einige erklärende Worte genügten, jeden mit Begeisterung bei der Sache sein zu lassen.

Hinein ins dunkle, erfrischende Nass! Erst einmal den großen Zeh hineingesteckt, dann den ganzen Fuß – und sogleich machte sich ein durchaus angenehmes Prickeln bemerkbar. Ein sehr einladendes Gefühl – und so schwang ich mich beherzt zur Gänze in die gut gefüllte Wanne. Alle Achtung! Das war noch besser, als ich es mir vorgestellt hatte. Es dauerte nicht lange, und eine wohlige Wärme durchfloss meinen Körper. Die Kohlensäure legte sich wie ein Mantel an die Hautoberfläche und wirkte ganz so wie eine sanfte Massage. Hier konnte ich es ein Weilchen aushalten. Auch gefiel mir die Kombination mit der innerlichen Anwendung eines Glases „Schwarzer Abt". Ohne Übertreibung – es war ein vollkommenes Badegefühl. Und wie soll ich erst die belebende Wirkung beschreiben, die sich anschließend einstellte. Ich war hochzufrieden mit diesem ersten Experiment.

Gut gelaunt und erfrischt machte ich mich nach dem Abtrocknen an den Entwurf eines „Rezeptes" für unser neues Badebier. Einige kleine Verbesserungen flossen später – nach weiteren Experimenten „am eigenen Körper" – noch ein und führten zu einer fein abgestimmten Anleitung für diese neue Spezialität unseres Hauses. Das Ganze lautete in launiger Form so:

„Es bleibt natürlich jedem selbst überlassen, das Neuzeller Bier zu trinken oder es ins Wasser zu schütten. Eines schließt natürlich das andere nicht aus, und in jedem Falle kann jeder auch nach Lust und Laune entscheiden, ob er sich mit einem Schluck begnügt oder gar eine ganze Flasche zur inneren und äußeren Labung verwendet. Nur sollte man zuerst die Badewanne zur Hälfte mit Wasser füllen, dann die gewünschte Menge Original Badebier Neuzeller Klosterbräu hinzugeben und sich schließlich höchstselbst in die Wanne begeben.

Nun schäume man mit der Brause das Bierbad so richtig auf, strecke sich behaglich aus und behalte auch bei größtem Verlangen den Kopf über der Badeflüssigkeit, die übrigens keineswegs nach Bier riecht. Nach dem Bade sollte man eine halbe Stunde ruhen und die Ingredienzen des Badebieres nachwirken lassen. Wer danach voller Begeisterung schon wieder an das nächste Bierbad denkt, hat alles richtig gemacht!"

Meine Freude über unsere jüngste „Trinkidee" wurde noch gesteigert durch die Vorstellung, welche zusätzliche Verwirrung wir mit der Einführung des Produktes bei den verschiedenen Behördenebenen des Landes erzeugen würden. Hatten doch unsere Erfahrungen gezeigt, dass die Verwaltung schon mit einfachen Sachverhalten überfordert war. Ein Antrag auf Zulassung eines Badebieres würde die Konfusion sicher weiter erhöhen.

Nach der ersten Entwicklungs- und Erprobungsphase in unserem Hause erfolgte am 26. Juni 1997 der Antrag an das Agrarministerium auf Erteilung einer Genehmigung zur Herstellung und zum Vertrieb unseres „Badebieres" zur „äußeren Anwendung als Badezusatz oder Vollbad" sowie zur „inneren Anwendung". Mit einiger Spannung sah ich der Antwort aus Potsdam entgegen und stellte mir nicht ohne klammheimliche Freude die Gesichter der Beamten angesichts dieses neuen „Angriffs" vor.

Wenige Tage später erging auch die beschriebene Klage gegen das Land Brandenburg an das Verwaltungsgericht in Frankfurt/Oder, in der wir unseren Anspruch auf Erteilung einer Ausnahmegenehmigung für unseren „Schwarzen Abt" als „besonderes Bier" geltend machten.

Wir legten in der Klagebegründung nochmals die im zurückliegenden Streit erwiesene – und auch vom Ministerium eingeräumte – rechtliche Konfusion und Widersprüchlichkeit dar und stellten klar, dass es sich bei dem „Schwarzen Abt" nach den geltenden gesetzlichen Bestimmungen nach unserer Auffassung um ein „Bier" und nicht um ein „Mischgetränk" handele. Wir hielten nach wie vor einen nachträglichen Zuckerzusatz nach dem Biergesetz im Ausnahmefall für zulässig und wiesen die Behauptung des Ministeriums zurück, dass es sich hierbei um einen „Malzersatzstoff" handele, der kategorisch verboten war.

Mit Nachdruck betonten wir die bestehende Rechtsungleichheit zwischen dem Steuer- und dem Lebensmittelrecht und führten auch die vom Gericht im ersten Verfahren festgestellte „Inländerdiskriminierung" deutscher Brauereien gegenüber ausländischen Importeuren an. Wir folgten hier der Argumentation der Hamburger Anwaltskanzlei Feddersen und schlugen dem Gericht vor, eine Überprüfung vor dem Bundesverfassungsgericht herbeizuführen.

In erster Linie ging es uns darum, die andauernde, gegen unseren Willen amtlich verordnete, Verbrauchertäuschung zu beenden und unser Schwarzbier wieder als Schwarzbier bezeichnen zu dürfen.

Keiner konnte uns vorhersagen, ob unsere neue Munition genug Durchschlagskraft hatte, um ein günstiges Urteil zu erwirken. Die Sache blieb spannend und der Sommer versprach, nicht nur vom Wetter her heiß zu werden. Wie – auch historisch – außergewöhnlich dieser Sommer werden sollte, zeigte sich erst später durch die Ereignisse im Zuge des legendären Oderhochwassers, das jedoch die Höhen des Klosters Neuzelle glücklicherweise nicht erreichte.

Wer wird denn da gleich „ins Schwimmen" geraten?

Heiß und spannend wurde es Anfang Juli 1997 durch eine Veranstaltung, in der ich zum ersten Mal persönlich mit meinem Widersacher, Herrn Minister Edwin Zimmermann, in Frankfurt an der Oder zusammentraf – oder besser gesagt zusammenstieß.

Auf Initiative des dortigen Kreisverbandes der „Jungen Liberalen" sollte eine Podiumsdiskussion über „Fakten, Fakten und Fakten des Brandenburgischen Bierstreites" im Studentenclub „Grotte" stattfinden. Eingeladen waren außer den „Streithähnen" auch ein Professor der Rechtswissenschaften samt einem Kollegen aus der Wirtschaftswissenschaftlichen Fakultät. Moderiert wurde der Abend von einem Reporter des Senders „BB Radio".

An diesem Abend in der vollbesetzten Studentenkneipe ging es hoch her. Wer einen netten Plausch erwartet hatte, sah sich getäuscht. Minister Zimmermann erschien gewohnt kampfeslustig in Hemdsärmeln und machte in seiner unnachahmlichen Art gleich zu Anfang deutlich, wie er die Diskussion zu führen gedenke. Das ihm angebotene frisch gezapfte Neuzeller Schwarzbier wies er mit der Bemerkung zurück: „Diesen Fruchtsaft trinke ich nicht" – was eigentlich nicht verwunderte. Ich erinnere nur an sein Verhalten am Stand der Neuzeller Klosterbrauerei während der „Grünen Woche" in Berlin! Als ich mir erlaubte, den Minister darauf hinzuweisen, dass er vor Ausbruch des Bierstreites unseren dunklen Gerstensaft in den höchsten Tönen gelobt habe, polterte er: „Das kann nicht sein. Ich hatte einen Riesenschädel danach." Ich ließ es bei dem Geplänkel bewenden und hielt mich zurück.

Nach dieser „manierlichen" Einführung ging es heftigst zur Sache. Ich ging gleich zum Angriff über und wies Minister Zimmermann auf die rechtliche Konfusion und die Widersprüchlichkeiten im Verlaufe des Bierstreites hin und kritisierte die Sturheit und Ignoranz der Behörden, die sich ihrer Verantwortung für die wirtschaftliche Entwicklung des Landes keinesfalls gewachsen zeigten. Danach konfrontierte ich Herrn Zimmermann mit den Fakten der zurückliegenden Auseinandersetzung und sagte ihm auf den Kopf zu, sein Ministerium würde sich den Interessen Dritter sowie dem Druck der westdeutschen Bierlobby beugen. Das war doch zu viel für den Minister – es platzte ihm der Kragen und er drohte lautstark, die Veranstaltung zu verlassen, denn beleidigen lasse er sich nicht. Ich konnte dazu nur sagen: „Wer laut wird, hat Unrecht." Jedenfalls waren die Argumente des Agrarministers alles andere als gewichtig: die ständige Wiederholung der Behauptung, für untergäriges Bier mit Zuckerzusatz gebe es keine Ausnahmegenehmigung, macht diese nicht wahrer. Der Rest der Diskussion verging in unfruchtbaren Auslassungen über rechtliche Fragestellungen, an denen sich auch die anwesenden Rechtsexperten beteiligten, die für das Publikum jedoch wenig ergiebig waren. Zum Ausgleich konnten sich die Besucher reichlich an Neuzeller Klosterbier gütlich tun!

In einem anschließenden Interview für „Antenne Brandenburg" zeigte sich der Minister auch noch als schlechter Verlierer, indem er sich zu offenen Drohungen gegen uns verstieg. Originalton Edwin Zimmermann:

„Wenn diese Brauerei es überzieht, ihre Argumentation, kann sie wahrscheinlich gegen den Druck der deutschen Brauereien gar nicht mehr ankommen. Sie spielt ganz einfach mit der Existenz ihres Unternehmens. Damit greift sie die Bundesregierung direkt an und ich warne nur davor, hier die Arbeitsplätze wissentlich dann aufs Spiel zu setzen."

Die in dieser Stellungnahme zu Tage tretende Arroganz der Macht bedarf keines Kommentars. Wie ein Feudalfürst spielte sich der vom Volk gewählte Politiker auf – von oben herab wird einem Bürger und Unternehmer gedroht, der nicht gedenkt, sich der Willkür der Potsdamer Bürokraten zu unterwerfen, sondern auf sein gutes Recht pocht. Dass auf diese Weise auch im Lande Brandenburg keine Politik gestaltet werden kann, zeigte sich wenige Monate später.

Ein ähnlicher Fall

Es verwundert, wo überall in der Welt das beliebte Getränk aus Hopfen und Malz für Wirbel sorgt. Wer glaubt, ein Streit wie der unsere käme nur in Deutschland vor, täuscht sich sehr. Ausgerechnet im fernen Afrika tobte zu jener Zeit eine Auseinandersetzung, die kurioserweise denselben Gegenstand hatte wie unsere „Brandenburger Amtsposse": das Deutsche Reinheitsgebot! Und das kam so:

Als im Jahre 1888 die Vorhut der Kaiserlichen Schutztruppe in Deutsch-Südwestafrika gelandet war, vollzog sich die weitere Entwicklung in der neu gewonnenen Kolonie genau so, wie man es von den Deutschen erwartete: in bester Ordnung. 1895 wurde ein Schützen-, vier Jahre später ein Turnverein und im Jahre 1900 – wie könnte es anders sein – die „Bavaria Brauerei" gegründet. Diese überstand alle Wirren der Zeit und ihre Nachfolgerin nannte sich „Namibian Breweries".

Das Unternehmen war in einem Land, dessen Wirtschaft von Bergbau, Fischerei und Viehzucht beherrscht wurde, der größte Industriebetrieb. Trotz der Tatsache, dass das Land im Südwesten Afrikas schon seit 1918 nicht mehr deutsche Kolonie war, hatte die Brauerei ihre Wurzeln nicht vergessen: 10 000 Kilometer von Deutschland entfernt befolgte sie im Jahre 1997 immer noch das Deutsche Reinheitsgebot!

Auf einem Kontinent, der noch auf sein Wirtschaftswunder wartet, war „Namibian Breweries" (NB) ein Erfolgsunternehmen, das aufgrund der ständig steigenden Nachfrage hervorragende Wachstumszahlen auswies. Doch konnte die Brauerei vom eigenen Binnenmarkt mit gerade 1,5 Millionen Einwohnern kaum leben und bemühte sich deshalb, Kunden im gesamten südlichen Afrika zu gewinnen. Dieser „bierseligen" Mission war Erfolg beschieden. Der verlockendste

Markt lag beim großen Bruder, der Republik Südafrika. Hier hatte es der namibische David mit einem Goliath namens „South African Breweries" (SAB) zu tun, welcher zu den größten Brauereien der Welt zählte und sage und schreibe 97 % des Inlandsumsatzes an Bier für sich verbuchte.

Dieses Monopol sah SAB jetzt bedroht. Namibian Breweries hatte in einer mit deutscher Gründlichkeit generalstabsmäßig durchgeführten Aktion mehrere Brückenköpfe am Kap eingerichtet und schickte sich an, von dort aus das obere Marktende zu erobern. Bald wurde der Marktanteil der Namibier auf ein Drittel geschätzt. Zur Verteidigung ihres Monopols zettelte SAB einen regelrechten Bierkrieg an, gegen den wir hier in Brandenburg wie Waisenknaben aussahen. Ein Teil der Gegenstrategie des Großkonzerns war der mehrfache Versuch, seinerseits in den namibischen Biermarkt einzudringen. So hatte SAB gerade einen erneuten Antrag gestellt, eine 25 Millionen Dollar teure Brauerei in Namibia bauen zu dürfen, was von der dortigen Regierung jedoch abgelehnt wurde. Die Begründung: im Lande gelte das Deutsche Reinheitsgebot, während die Südafrikaner ihrem Gerstensaft allerlei Zusätze beimischten. Im Gegenzug versuchten die Südafrikaner, den Namibiern unterzuschieben, sie verwendeten für ihr Bier aufbereitetes Abwasser, was nachweislich falsch war. Schließlich begann das Management der SAB, die „deutsche Engstirnigkeit" beim nördlichen Nachbarland zu beklagen, und griff das Reinheitsgebot selbst an, aber vergeblich. Namibian Breweries vertraute weiterhin voll und ganz den sauberen Zutaten Hopfen und Malz, die das Unternehmen aus Deutschland einführte. Darüber hinaus bekannte sich die Brauerei in Windhuk zu zwei ebenfalls bewährten Zutaten, die das Reinheitsgebot nicht vorsah: Auf dem Kessel im Sudhaus hieß es: „Gott gebe Glück und Segen drein".

Dieses Ereignis im südlichen Afrika zeigte deutlich, dass das Deutsche Reinheitsgebot auch gute Dienste leisten konnte, wenn es darum ging, unliebsame Konkurrenz auszuschalten. Das wollten wir in Neuzelle ganz und gar nicht – uns ging es nur darum, unsere eroberte Nischenposition zu behaupten. Eine Bedrohung für andere ging von uns zu keinem Zeitpunkt aus.

Ein „kosmetisches Mittel"?

Wie ging in Deutschland die Amtsposse weiter? Kaum waren die medialen Wellen nach meinem Streitgespräch mit Minister Zimmermann abgeklungen, trat unsere unendliche Geschichte in eine neue Phase ein. Aus Potsdam ging mir ein Schreiben zu, in dem das Agrarministerium den Eingang unseres Antrages auf Genehmigung des „Badebieres" bestätigte und erklärte, dass es hier gar nichts zu genehmigen gebe. Also zur Abwechslung einmal keine Ablehnung – wer hätte das gedacht? Warum war keine Genehmigung erforderlich? Bei unserem Badebier handelte es sich nach Ansicht der Behörden um ein „kosmetisches Mittel" im Sinnes des Lebensmittelgesetzes. Die Herstellung und Inverkehrbringung von kosmetischen Mitteln unterliegen in der Europäischen Union keinem Genehmigungsverfahren, sodass es keines Antrages bedurfte. Wir hatten lediglich die gesetzlichen Normen einzuhalten – also die Bestimmungen der Kosmetikverordnung zu beachten.

Diese kurze und bündige Antwort des Agrarministeriums hatte es in mehrfacher Hinsicht „in sich", um nicht zu sagen, sie stellte einen regelrechten „Hammer" dar. Ahnen Sie, was diese Mitteilung für uns bedeutete?

Zum Ersten: Wir durften unser Badebier herstellen und verkaufen.

Zum Zweiten: Wir durften es „Badebier" nennen, und das hieß: unser Schwarzbier durfte in diesem Zusammenhang „Bier" genannt werden, da es sich um ein „kosmetisches Mittel" handelte und nicht um ein Getränk! Welch eine wunderbare Verwandlung ein- und desselben Stoffes – die Alchimisten des Mittelalters hätten es nicht besser machen können als unsere Behörden. Oder galt das nur, weil unser Badebier keinen Zucker enthielt?

Aber das war noch nicht alles. Unser „Badebier" durfte nicht nur „Bier" heißen, es durfte sogar zur innerlichen Anwendung genommen, das heißt, getrunken werden, da es als Lebensmittel beim Verzehr keine Gefahr für die menschliche Gesundheit darstellte!

Um Ihnen die Dimension dieser neuen Wendung im Bierstreit in voller Tragweite zu verdeutlichen, sei zusammenfassend an Folgendes erinnert:

- Unser Schwarzbier durfte als Getränk nicht „Bier" genannt werden, da es nach dem Biergesetz ein „Mischgetränk" war und gegen das Deutsche Reinheitsgebot verstieß. Es hieß daher „Schwarzer Abt"; war aber gleichzeitig ein einwandfreies Lebensmittel.
- Das gleiche Schwarzbier war steuerrechtlich ein „Bier", da es hier kein „Mischgetränk" war und deshalb auch als Bier versteuert werden musste.
- Dasselbe Schwarzbier war als „Badebier" ein „kosmetisches Mittel", zur äußeren und inneren Anwendung (= trinken) zugelassen und durfte als solches den Namen „Bier" tragen.

Im Interesse der Wahrhaftigkeit sollten wir das altehrwürdige Potsdam in „Possenhofen an der Havel" umbenennen. Die Skurrilität des oben geschilderten Sachverhaltes begann an die Grenze der Lächerlichkeit zu stoßen. Und eine weitere Frage drängte sich für uns auf: War das „Badebier" auch steuerrechtlich ein Bier, für das Biersteuer fällig war, oder nicht?

Die Wogen des Bierstreites schlugen immer höher und dasselbe tat in diesem Sommer des Jahres 1997 auch die Oder bei uns vor der Tür. Sie stieg und stieg, konnte jedoch unser gutes altes Kloster hoch über den Ufern nicht erreichen. Insofern ging es uns besser als vielen unserer Brandenburger Landsleute, die in dem nicht eben sauberen Fluss ein unfreiwilliges Bad mitsamt ihren Häusern und Einrichtungsgegenständen nehmen mussten.

Ein freiwilliges Bad in einer angenehmeren Flüssigkeit nahm ich am 28. August 1997 – die Flut war gerade überstanden – im Landhotel „Kummerower Hof" zu Neuzelle. Dort hatten wir an diesem Tage zur offiziellen Eröffnung des ersten „Bierbades" eingeladen. Schon seit Ende Juli konnten es sich dort die Gäste in unserem guten Klosterbier bequem machen – was sie auch reichlich taten. Hierzu hatten wir gemeinsam mit dem Landhotel unterschiedliche Rezepturen entwickelt, zwischen denen die Bierbadenden wählen konnten. Es gab als Badezutaten Bierhefe, Hopfen, Treber, die man sich je nach Geschmack in die Wanne geben lassen konnte; das alles einschließlich der fachlichen Betreuung durch einen Physiotherapeuten. Im Angebot stand sogar ein Rundumpaket als komplette „Badereise" mit allem Komfort und einem erlebnisreichen Rahmenprogramm!

Für unsere „Einweihungsaktion" hatte ich mir etwas Besonderes einfallen lassen. Bei herrlichstem Sommerwetter erwartete die Gäste im Garten des „Kummerower Hofes" ein hölzerner Bierbottich auf Strohballen und daneben ein großes Fass mit unserem „Neuzeller Badebier". Selbstverständlich ließ ich es mir nicht nehmen, vor den staunenden Schaulustigen und Pressevertretern das erste Gerstensaftbad selbst zu nehmen. So saß ich denn im Bierbottich – mit einem Glas Schwarzbier in der

Hand – und gab der mich noch ungläubig anstaunenden Menge einige Erläuterungen zur Wirkungsweise des herrlichen Nasses. Ich erklärte, es sei wissenschaftlich erwiesen, dass ein Bad im Gerstensaft – von der Pflege der Haut ganz abgesehen – nicht nur einen gesunden Schlaf fördere, sondern auch den Blutdruck positiv beeinflusse und sogar zur Wundheilung beitrage. Alles in allem: „gesund und erfrischend"! Und dazu noch die jederzeitige Möglichkeit der inneren Anwendung, die zum körperlichen Wohlbefinden das ihrige tut; denn wer Bier trinkt, führt seinem Körper zugleich Vitamine, Kohlenhydrate und Mineralstoffe zu; alles – in Maßen genossen (Vorsicht: nicht in bayerischen Maßen!) – sehr gesundheitsfördernde Stoffe. Von der reinen Haut bis zum schönen Haar, von der Förderung der Blutbildung bis hin zum verbesserten Sehvermögen – der Gerstensaft ist rundum ein grundbekömmlicher Stoff, wie unsere Mönche seit vielen Jahrhunderten wussten.

Konnte man sich noch etwas Schöneres für „Wellness" vorstellen? Für mich stand außer Frage, dass sich unser „Neuzeller Bierbad" in kürzester Zeit zu einem weiteren Anziehungspunkt in der Region entwickeln würde. Allein in Deutschland gab es schätzungsweise 30 Millionen Badewannen. Würde dort nur einmal im Monat ein Bierbad eingelassen, hätten wir in unserer Klosterbrauerei mehr als ausgesorgt. Alles getreu dem Reim:

Es wirkt nicht nur in allen Lagen,
es ist auch etwas für den Magen:
Mit Freude tu ich kund es hier,
es ist Neuzeller Badebier!

Neue Besen kehren gut?

Eine gute Idee zieht die andere nach sich, lautet eine bekannte Unternehmerweisheit. So war es auch bei unserem Badebier. Beim Nachlesen über die Geschichte des Gerstensaftes stieß ich auf die Äußerung eines Leipziger Arztes namens Dr. Heckel aus dem Jahre 1725:

„An einem guten Biere ist mehr gelegen als an medizinischen Goldessenzen, Herzpulvern und derlei sieben Sachen. Brauhäuser und Bierkeller sind die vornehmsten Apotheken."

Das war mir so recht aus dem Herzen gesprochen und passte auch gut in unsere neue Marketingaktion. Warum sollten wir unser Neuzeller Badebier nicht in Apotheken verkaufen? Als Vorbild konnte uns der bekannte „Klosterfrau Melissengeist" dienen, ebenfalls ein alkoholisches Getränk mit immerhin 26 % Alkohol (unser Bier hat nur 5,2 %), von Apotheken für die äußere Anwendung empfohlen ebenso wie für die innere. Eine völlig neue Absatzmöglichkeit tat sich auf. Also ran an die Arbeit. Heraus kam der Entwurf für ein neues Produkt, die Neuzeller „Apothekenabfüllung – Schwarzbier auch zur äußeren Anwendung", erhältlich rezeptfrei in jeder Apotheke im Fünf-Liter-Kanister oder in der Halbliterflasche für den Hausgebrauch! Gesagt, getan und schon Anfang Oktober 1997 konnten wir unseren Etikettenentwurf den Behörden im Landkreis Oder-Spree sowie dem Agrarministerium zur Genehmigung vorlegen. Und siehe da, auch in diesem Falle erfuhren wir, dass keine Genehmigung notwendig sei, da es sich wie bei dem Badebier bei der Apothekenversion um ein kosmetisches Mittel handele. Also kein Streit, keine Probleme? Das Sprichwort warnt: Man soll den Tag nicht vor dem Abend loben. Zunächst musste unsere Apothekenabfüllung (ebenso wie das Badebier) „marktreif" gemacht werden, und das konnte noch einige Monate dauern.

Zwischenzeitlich hatte sich auch etwas an der politischen Front getan. Am Freitag, dem 14. November 1997, musste der brandenburgische Landwirtschaftsminister Edwin Zimmermann unter dem Druck von Opposition und Öffentlichkeit zurücktreten, nachdem er durch mehrere politische Affären ins Schlingern geraten war. Ich füge ausdrücklich hinzu, dass der damals auf Hochtouren laufende Bierstreit hierbei keine Rolle gespielt hat. Seit Ende September musste sich Zimmermann vielmehr wegen allzu enger Verquickung privater und dienstlicher Interessen mit den eigenen Reihen der damals mit absoluter Mehrheit regierenden SPD auseinander setzen. Anlass war eine Schaubäckerei auf dem Anwesen der Zimmermanns, die ursprünglich als ABM-Projekt betrieben, im Sommer jedoch von Zimmermanns Frau und Tochter als GmbH gegründet worden war. Auffällig war, dass innerhalb nur eines Tages dem Betrieb von Zimmermanns Landwirtschaftsministerium ein Fördervorbescheid erteilt wurde. Auch die Höhe der öffentlichen Zuwendungen von fast einer halben Million Mark (achtzig Prozent der Investitionen) erregte Aufsehen.

Als eine Handelskette der Schaubäckerei auch noch zwei Öfen im Wert von 120 000 Mark sponserte, geriet der Minister in Erklärungsnöte und verstrickte sich dabei tiefer in Widersprüche. Sein Rücktritt dürfte auch damit zusammengehangen haben, dass mit zunehmender Zeit Ministerpräsident Manfred Stolpe selbst in Mitleidenschaft gezogen zu werden drohte. Lange Zeit hatte der Regierungschef eine schützende Hand über seinen Minister gehalten. Doch eine Woche vor dem Rücktritt hatte Stolpe selbst in scharfer Form Aufklärung von Zimmermann und die Beantwortung von zwölf offenen Fragen zur Förderung der Schaubäckerei gefordert. Sehr zufrieden schien Stolpe mit den Antworten nicht gewesen zu sein, denn prompt erfolgte der Rücktritt. Ein Teil meines Orakels: „Unser Schwarzbier wird nicht nur die

Amtszeit von Minister Zimmermann überdauern, sondern die der ganzen Landesregierung" ging damit in Erfüllung.

So beendete nicht eine Brauerei, sondern eine Bäckerei die Karriere des Herrn Zimmermann, denn er stolperte über die Knüppel, die er sonst so gerne anderen zwischen die Beine warf. Jetzt – dachte ich mir (fast) ohne jeden Anflug von Schadenfreude – kann ja alles nur besser werden. Gespannt erwarteten wir die Nachricht, wer die Nachfolge an der Spitze des Agrarressorts antreten würde. Und siehe da, der Anfang Dezember 1997 bekannt gegebene Name ließ hoffen: Neuer Landwirtschaftsminister wurde der bisherige Landrat des Kreises Märkisch-Oder-Land, Gunter Fritsch. Nicht nur, dass mein künftiger „Gegenspieler" auf ministerieller Ebene fast ein Namensvetter war, sondern auch die Tatsache, dass Herr Fritsch in seiner bisherigen Tätigkeit als Landrat die Belange der regionalen Wirtschaft sehr genau kannte und einschätzen konnte, ließ mich zuversichtlich in die Zukunft schauen. Aber die Erfahrung zeigt, im Umgang mit Politikern ist immer Vorsicht am Platz. Jetzt hieß es erst einmal abwarten, wie sich der „Neue" zum Brandenburger Bierstreit stellen würde. Ein erster Testballon würde auf der im folgenden Januar wieder stattfindenden „Grünen Woche" aufsteigen. Verhielt sich Minister Fritsch so Bier-unfreundlich wie sein Vorgänger?

Bevor ich diese spannende Frage beantworte, lassen Sie mich noch eine Stilblüte aus dem Jahre 1997 erwähnen, denn sie wirft ein bezeichnendes Licht auf die Lage des Biermarktes in Deutschland. Genauer gesagt, des Klosterbiermarktes, wo ein ebenso harter Konkurrenzkampf tobte wie anderswo auch. Auch wir in Neuzelle hatten hinreichend Erfahrungen mit den „lieben Kollegen" machen müssen, darunter jenen ehrwürdigen süddeutschen Klosterbrauereien, die eifersüchtig über ihren Besitzstand – gemeint sind die Kunden – wachten. In unserer Anfangszeit hatten wir den Versuch aus Andechs in Bayern abwehren müssen, uns den Titel „Klosterbrauerei" streitig zu machen. Dort war man der – egoistisch motivierten – Meinung, der Name dürfe nur für Brauereien gelten, die zu einem heute noch bestehenden Kloster gehörten. Erwartungsgemäß waren die unfreundlichen Klosterbrüder mit diesem Vorstoß zur „Konkurrenzbereinigung" sehr schnell gescheitert.

Ein ähnliches Problem hatte 1997 das Tochterunternehmen einer dänischen Brauerei, die im mecklenburgischen Örtchen Dargun im Jahre 1991 einen Betrieb gegründet hatte, der sich „Darguner Klosterbrauerei" nannte. Ein Gericht untersagte auf Antrag zweier bayerischer Konkurrentinnen dieser Brauerei, ihren Titel weiterzuführen. Warum?

In Dargun gründeten dänische Zisterzienser im Jahre 1172 ein Kloster. Ab Ende des 13. Jahrhunderts wurde dort nach Mönchsart ein Brauhaus in Betrieb genommen. Nach der Reformation bauten die Herzöge von Mecklenburg das Kloster zu einer Schlossanlage um, welche am Ende des Zweiten Weltkrieges in Flammen aufging. Noch bis 1920 hatte es in Dargun eine Klosterbrauerei gegeben. Die Anlagen der Neugründung von 1991 lagen aber in einem Gewerbegebiet, das ca. 2 km von der Schlossruine entfernt war. In Zukunft wollten die rührigen Neugründer am Ort des ehemaligen Klosters ein Hotel einrichten, wohin auch ein Teil der „Klosterbrauerei" zurückkehren sollte. Einstweilen brauten sie etwas abseits ihr Bier mit dem Namen „Darguner Klosterbräu" und beriefen sich dabei auf die nur kurz unterbrochene Zisterzienser-Tradition aus dem Mittelalter.

Doch die süddeutsche Konkurrenz machte dem jungen Unternehmen einen Strich durch die Rechnung. Stets auf der Fahndung nach unliebsamen Mitbewerbern um den engen Biermarkt, stürzen sich die etablierten Großbrauereien mit Vorliebe auf die Kleinen, die sich kaum wehren können. So auch im Falle der „Darguner Klosterbrauerei". Man klagte aus Andechs und Ettal vor dem Landgericht auf Unterlassung des Verkaufs des „Klosterbieres" und gegen die Benennung „Klosterbrauerei" mit der Begründung, die Verbraucher würden durch den norddeutschen Betrieb getäuscht, denn er habe als Neugründung aus Dänemark die alte Klostertradition nicht wirklich fortgeführt und stünde auch nicht in einem direkten räumlichen Zusammenhang mit dem ehemaligen Kloster. Zur Unterstützung dieser Argumentation legten die Kläger eine „Meinungsumfrage" vor, aus der hervorging, dass sich die Verbraucher durch das Vorgehen der Darguner Klosterbrauerei getäuscht sähen, und fügten noch ein Sachverständigengutachten in ihrem Sinne bei.

Das Landgericht sah die Sache anders und wies die Klage ab. Den Richtern reichte die räumliche Nähe der Brauerei zu dem ehemaligen Kloster aus, um die Namensgebung zu rechtfertigen.

Die Süddeutschen gaben sich damit nicht zufrieden und gingen in zweiter Instanz vor das Oberlandesgericht. Hier hatten sie mehr Glück. Die dortigen Robenträger sahen die Sache genau umgekehrt und gaben den Klägern recht. Diesmal sah das Gericht die Verbraucher getäuscht – auch die Entfernung von zwei Kilometern zum ehemaligen Kloster spielte eine Rolle. Das Bier würde nicht am Ort gebraut und auch historisch bestehe keine Beziehung zur alten Bierherstellung der Mönche. Aus war es mit der „Darguner Klosterbrauerei" und dem „Darguner Klosterbräu".

Unabhängig von der Beurteilung dieser Entscheidung, in der objektive Beobachter geteilter Meinung sein konnten – ich sage: „Hier wurde eine alte Tradition rechtmäßig wieder aufgegriffen" – zeigt uns die Geschichte, dass jeder, der in unserer Branche eine neue Unternehmung beginnt, mit dem heftigsten Widerstand der großen Konkurrenz zu rechnen hat. Nicht unbeachtet bleiben darf auch die Tatsache, wie unterschiedlich zwei Richtergremien in diesem Falle ein- und denselben Sachverhalt interpretiert hatten – mit allen Konsequenzen für die Urteilsfindung. Ähnliches war auch in unserem Fall denkbar.

Das ereignisreiche Jahr 1997 ging zu Ende, in dem wir die erste Runde im gerichtlichen Streit um unser Schwarzbier zwar verloren hatten, der zweite Durchgang aber bereits eingeläutet war. Hatten uns die Behörden mit der steuerrechtlichen Einordnung unseres „Schwarzen Abtes" als richtiges Bier doch eine Steilvorlage gegeben, die gesetzliche Ungleichbehandlung und Widersprüchlichkeit der Vorschriften anzuprangern. Damit waren die Aussichten erheblich verbessert, dass wir unser Schwarzbier in Zukunft wieder als solches bezeichnen dürften. Der „Schwarze Abt" lief nach wie vor ganz hervorragend. Ebenso hatte sich die diesjährige „Amtsposse" erneut als Schlager erwiesen. Und wir hatten mit dem „Neuzeller Badebier" samt der „Apothekenabfüllung" ein neues Produkt auf den Weg gebracht, das, wie unsere anderen Spezialitäten, erfolgreich zu werden versprach.

Erwartungsvoll und ungeduldig sahen wir Neuzeller dem Beginn der „Grünen Woche" am 16. Januar 1998 entgegen. Besonders dem öffentliche Aufmerksamkeit erregenden „Politikerrundgang", der uns zum ersten Mal mit dem neuen Landwirtschaftsminister Brandenburgs zusammenführen sollte. Wie würde es diesmal ausgehen? Mussten wir auch in diesem Jahr mit einem Affront rechnen? Hatte 1997 ein missmutiger Minister Zimmermann unser angebotenes Bier doch noch mit arroganter Geste zurückgewiesen.

Wir – meine Mitarbeiter und ich – standen aufgeregt bereit, als in der gefüllten „Brandenburg-Halle" des Messegeländes ein Pulk von Politikern und Medienvertretern auf uns zurollte. Dieses Jahr war besonders viel Landesprominenz vertreten: Neben Agrarminister Fritsch konnten wir Umweltminister Platzeck und Sozialministerin Hildebrand ausmachen. Und – siehe da – sogar der Herr Ministerpräsident gab sich die Ehre. Energisch und mit sicherem Schritt steuerte der Pulk auf uns zu, und was soll ich Ihnen sagen – es wurde eine fröhliche Runde. Ein gut gelaunter Landesvater begrüßte uns und stellte sein jüngstes Kabinettsmitglied persönlich vor. Fritsche traf auf Fritsch und beide verstanden sich auf Anhieb recht gut, wozu die Tatsache beitrug, dass er und seine Kollegen, einschließlich des Chefs, das frisch gezapfte Neuzeller Schwarzbier nicht verschmähten. Die Herren tranken sogar aus richtigen Biergläsern mit entsprechender Aufschrift! Ein ermutigendes Zeichen für ein zukünftiges konstruktives Miteinander! Auch das anschließende Gespräch verlief fruchtbar. Fritsche und Fritsch vereinbarten, in nächster Zeit persönlich zusammenzutreffen, um eingehend über den Bierstreit sowie die zurückliegenden Ereignisse zu sprechen und endlich zu einer einvernehmlichen Lösung zu gelangen. Mir war es immer unangenehm gewesen, gegen die eigene Landesregierung klagen zu müssen. So nahm ich mir vor, meinem Fast-Namensvetter seine 100-Tage Schonfrist zu gewähren und ihn dann unmissverständlich darauf hinzuweisen, dass ich künftig ein anderes Verhalten der Landesregierung erwartete – nicht nur im eigenen, sondern im Interesse der gesamten Wirtschaft des Landes Brandenburg. Wollten wir doch auf die Zuverlässigkeit des bekannten Sprichwortes vertrauen: „Neue Besen kehren gut"!

Das erfolgreiche Treffen anlässlich der „Grünen Woche" in Berlin gab Anlass zu Optimismus. Auch sonst konnten wir zufrieden sein. In den acht Tagen der Messe verzeichneten wir wiederum großen Zuspruch von unseren Kunden und den Bierliebhabern aus nah und fern. Wie oft wurde ich auf den Bierstreit angesprochen und wie oft erntete ich große Sympathien für unseren Kampf gegen die Windmühlen der Bürokratie. Bei solchen Anlässen war es eine Freude, sich als – nicht ganz erfolgloser – „Don Quichotte" zu fühlen. Und einige Windmühlen hatten wir ja schon beseitigen können.

Von Lupen und Korinthen

„Das Eisen soll man schmieden, solange es heiß ist!", heißt es. So setzte ich mich noch im Januar hin und schrieb einen Brief an Minister Fritsch, in dem ich für das konstruktive Zusammentreffen an unserem Messestand dankte und bei der Gelegenheit auch an unser geplantes Gespräch erinnerte. Gleichzeitig lud ich den Minister auch im Namen unserer Belegschaft herzlich zu einem Besuch in unserer Klosterbrauerei ein. Schon nach nicht einmal vier Wochen erhielt ich eine Antwort – keine schlechte Leistung, wenn man die üblichen Umlaufzeiten der Verwaltungsmühlen kennt –, und zwar von Herrn Fritsch persönlich. In diesem Brief gab der Agrarminister zu verstehen, dass auch er an einer Lösung im „Bierstreit mit der Landesregierung" interessiert sei. Er erinnerte allerdings daran, dass es sich dabei nicht um eine „Privatfehde" seines Amtsvorgängers gehandelt habe (leider musste mich das Verhalten des Herrn Zimmermann doch daran zweifeln lassen), sondern der eigentliche Auslöser der Auseinandersetzung der Vorstoß meiner „Berufskollegen" gewesen sei, mit dem diese sowohl in Bonn als auch in Brüssel deutsche Sonderrechte zur Anerkennung des Reinheitsgebotes durchgesetzt hätten. Dies war ohne Zweifel richtig, ging aber erneut am Kern des Bierstreites vorbei, bei dem es einzig und allein um eine Einzelentscheidung der Behörde ging, sprich eine „Sondergenehmigung". Vor dem gesetzlichen Hintergrund sah Minister Fritsch den Spielraum seines Ministeriums beschränkt. Auch habe er den Eindruck gewonnen, dass der „Bierstreit" eine durchaus positive Werbewirksamkeit für die Neuzeller Klosterbrauerei entwickelt habe. Das war richtig und auch ich habe das gern registriert. Doch hat die jahrelang andauernde Auseinandersetzung neben Mühe und Zeit auch viel Geld verschlungen, welches ich liebend gern für das Unternehmen eingesetzt hätte. Der Minister empfahl mir, zwischenzeitlich über meine berufsständischen Verbände zu versuchen, Bewegung in die Frage des Deutschen Reinheitsgebotes zu bringen. Schließlich bot er an, im Rahmen einer Bereisung des Landkreises Oder-Spree auch die Neuzeller Klosterbrauerei zu besuchen und bei dieser Gelegenheit ein eingehendes Gespräch über die gesamte Problematik zu führen.

Insgesamt vermittelte mir das Schreiben den Eindruck, dass Herr Fritsch erheblich kompromissbereiter war als sein Vorgänger. Aber schlau war er auch: Vermied er es doch geflissentlich, in dem Schreiben den Begriff „Bier" in Bezug auf unser Produkt zu verwenden. Stattdessen schloss er den Brief so:

„Zugleich sollten wir gemeinsam jede sich bietende Gelegenheit nutzen, auf ein schmackhaftes, alkoholhaltiges Getränk aus Brandenburg aufmerksam zu machen".

Immer mehr staunte ich darüber, welch differenzierte Verästelungen das Wesen der öffentlichen Verwaltung mit ihrem undurchdringlichen Vorschriftendschungel im Laufe der Zeit entwickelt hat. Mit einem Netz von unzähligen Maschen und Ösen durchpflügt es beharrlich und beständig das öffentliche und private Leben und nichts, aber auch gar nichts, entgeht diesem Fischzug. Oft schon hatten wir es am eigenen Leibe erfahren müssen – beispielsweise in Gestalt jener Häscher, die Getränkemärkte durchstreiften und die Namen und Beschreibungen von Getränken auf ihre Zulässigkeit überprüften.

Mit Ähnlichem vertrieben sich die Mitarbeiter einer Behörde die Zeit, welche sich „Fertigpackungskontrolle" nannte und als „Referat 2.3" im Landesamt für Mess- und Eichwesen untergebracht war. Diese Herrschaften hatten sich zu Beginn des Jahres 1998, wie seinerzeit die Kollegen von der Lebensmittelüberwachung, über die Etiketten unserer Biersorten hergemacht und mit Lupen bewaffnet Ausschau nach möglichen Verstößen gegen irgendwelche Bestimmungen gehalten. Und da es unzählige Bestimmungen gab, war es fast unmöglich, nicht gegen eine zu verstoßen – ob man wollte oder nicht. Warum die Häscher gerade uns im Auge hatten, ob das Zufall war oder ob wiederum obskure „Wirtschaftskreise" eine Rolle spielten, blieb im Dunkeln.

Jedenfalls teilte mir jene „Fertigpackungskontrolle" mit, dass mit den Maßen der Aufschriften unserer Etiketten etwas nicht stimme! Ich möchte es mir nicht nehmen lassen, diese Beanstandung zu zitieren:

„Die Etiketten für ‚Schwarzer Abt' und ‚Schwarzbier extra stark' weisen mit 3,5 mm bzw. 3,8 mm eine zu geringe Schriftgröße für die Füllmengenangaben auf. Gemäß Fertigpackungsverordnung § 20 Absatz 1 beträgt die Mindestschriftgröße für Volumenangaben ab 200 ml Nennfüllmenge 4,0 mm, oberhalb 1000 ml 6,0 mm. Generell empfehlen wir Ihnen Mengenangaben größer als 6 mm für den Druck zu fordern, um bei der graphischen Gestaltung auch noch eine Toleranz bezüglich den FPV-Anforderungen zu haben. Diese Kennzeichnungsvorschriften beziehen sich auf alle von Ihnen abgefüllten Produkte. Teilen Sie uns bis spätestens 15. April 1998 mit, wie Sie die Etiketten verändern und aufbrauchen wollen.

Wir fordern Sie hiermit auf, den ordnungswidrigen Zustand unverzüglich zu beseitigen. Die Einleitung von Ordnungswidrigkeitsmaßnahmen wird geprüft."

Tatsache war, dass die Abweichung zwischen der Schriftgröße auf unseren Etiketten und den gesetzlichen

Bestimmungen das eklatante Maß von 0,5 bzw. 0,2 mm betrug! Ist ein solcher Unterschied durch das menschliche Auge wahrnehmbar? Mir jedenfalls gelang das nicht, und meine Augen sind glücklicherweise noch sehr gut. Ungeachtet der Absurdität solcher Forderungen mussten wir den Anordnungen der Behörde als gesetzestreues Unternehmen Folge leisten und ich erteilte die Anweisung, beim nächsten Etikettendruck die Vorgaben der Vorschriften bis auf den letzten Zehntel-Millimeter zu beachten. Gleichzeitig bat ich die geheimnisvolle „Fertigpackungskontrolle" um die Genehmigung, unsere alten Etiketten mit den „falschen" Maßen bis zum Jahresende aufbrauchen zu dürfen, um einen erheblichen finanziellen Verlust für die Klosterbrauerei zu vermeiden. Die Mitarbeiter im Landesamt für Eich- und Messwesen schienen jedoch von ihrer eigenen Anordnung nicht so ganz überzeugt gewesen zu sein – vielleicht war es ihnen auch zu peinlich –, denn auf meinen Antrag habe ich keine Antwort erhalten.

Obwohl dieses neue Beispiel bürokratischen Furors eher zum Weinen denn zum Lachen war, kam mir spontan die Idee, diese Kuriosität als Thema für unsere diesjährige Sonderabfüllung der „Brandenburger Amtsposse" auszuwählen. Was konnte besser geeignet sein, den Freunden unseres Schwarzbieres ein weiteres Mal den Brandenburger Amtsschimmel vorzuführen, als der „feine Unterschied" von 0,2 oder 0,5 Millimetern? Im Sommer brachten wir die dritte Auflage unserer erfolgreichen Schwarzbier-Sonderauflage auf den Markt, die Flaschen mit dem traditionellen ironischen Rückenetikett versehen – diesmal mit folgendem Text zum Schmunzeln und einer kleinen Aufgabe für die Kunden:

„Wussten Sie schon,
dass auch die Schriftgröße für die Angabe der Biermenge auf dem Etikett vorgeschrieben ist?

Ja, es ist wirklich so, sie muss mindestens 4 mm betragen. Mit preußischer Präzision und Adleraugen wurde von einer Behörde des Landes Brandenburg festgestellt, dass die Schriftgröße auf unseren Etiketten um 0,2 mm bzw. 0,5 mm von der vorgeschriebenen Norm abweicht.

Natürlich, wie kann es anders sein, haben wir mit dieser für jedermann sichtbaren Abweichung eine Ordnungswidrigkeit begangen. Und natürlich muss auch die Einleitung von Ordnungswidrigkeitsmaßnahmen geprüft werden.

Kein Gag, pure Realität!

Sie werden sicherlich mit Leichtigkeit aus der unteren Zahlenreihe drei versteckte Ordnungswidrigkeiten herausfinden und uns mitteilen können."

Es folgte der Abdruck einer Reihe von 13 Ziffern, von denen drei um 0,2 und 0,5 mm kleiner waren als die anderen. Ich war mir sicher, niemand würde den Unterschied mit bloßem Auge feststellen.

Ein Unternehmer muss jeder Lage das Beste abgewinnen und ständig für neue Ideen offen sein. Als Nutzen hatte sich unsere Innovation mit dem „Badebier" herausgestellt. Nachdem wir im Sommer des vorangegangenen Jahres das erste Bierbad der Welt in Neuzelle eröffnen konnten und hierbei schon eine beachtliche Resonanz erfuhren, war Ende Februar 1998 der Zeitpunkt gekommen, das neue Produkt auch in Flaschenform auf den Markt zu bringen.

Mit Stolz konnten wir unsere neue Angebotspalette unter dem Titel „Bierbadekultur" unseren Kunden und den Medien präsentieren. Aus der „Apothekenabfüllung" war inzwischen das „Schwarze Elixier" geworden, das exklusiv für den pharmazeutischen Vertrieb vorgesehen war und seine Wirkung gegen so manches Zipperlein entfalten sollte. Diese Spezialität boten wir in 0,5-l-Spezialflaschen an, die in handlichen Sechserpackungen von der Brauerei braufrisch an die Apotheken versandt wurden.

Unser „Original Badebier Neuzeller Kloster-Bräu" freute sich ebenso wie das „Schwarze Elixier" auf die Badewannen unserer Kunden, und zwar „handabgefüllt" in einer dekorativen 3-l-Sektflasche mit Naturkorken – besonders geeignet für festliche Anlässe im eigenen Hause – und speziell für kommerzielle Anwender (Wellness- und Fitnessbereiche, Saunen, Schönheitsfarmen etc.) im 30-l- bzw. 50-l-Fass. Sowohl das „Schwarze Elixier" wie auch das „Badebier" waren gleichermaßen für die äußere wie für die innere Anwendung geeignet.

Also nichts wie rein in die Badewannen und in einem original Neuzeller Bierbad einmal so richtig vom Alltagsstress entspannen!

Bevor wir den Verkauf unseres „Schwarzen Elixiers" in den Apotheken aufnehmen konnten, waren – wie konnte es anders sein – doch noch einige bürokratische Hürden zu überwinden. Zunächst musste die „Apothekenüblichkeit" unseres Badebieres nach der „Apothekenbetriebsordnung" festgestellt werden. Wir benötigten zudem eine „Pharmazentralnummer" zur Aufnahme in die so genannte „Große Deutsche Spezialitätentaxe".

War die Herstellungszulassung unseres neuen Produktes noch auffallend einfach gewesen, erwies sich die Eroberung der Medikamentenburgen als umso schwieriger. Aber wir waren in dieser Beziehung schon routiniert.

Bierseligkeit in Übersee: von durstigen Amerikanern im Internet

Ein Abt geht surfen

Versuchen Sie bitte einmal, Folgendes auszusprechen: „Uöld Uaid Uäbb". Nicht gelungen? Dann erlaube ich mir, Ihnen sehr zurückhaltend etwas Rückständigkeit zu bescheinigen. Allerdings seien Sie auch entschuldigt, denn es gibt einen Bereich in unserem Leben, in dem wir mit unserer guten alten Muttersprache nur noch wenig anfangen können. Ich meine das „Uöld Uaid Uäbb", eine elektronische Einrichtung, für dessen Gebrauch man einen „Pezee" und einen „Sööwer" braucht, um dann darin zu „sööfen". Wenn man etwas Glück hat, stößt man hierbei auf eine „Hoompäidsch", in der man sich mit verschiedenen anderen Dingen wie „Links" oder „Fräims" herumschlagen darf. Wenn es dann ganz dick kommt, gelingt es einem, von dieser „Hoompäidsch" etwas „daunzulooden". Eine nützliche Einrichtung! Wenn Sie mit solchen Formulierungen nichts anfangen können, verzichten Sie auf weiteres Herumrätseln und fragen am besten einmal Ihre „Kids", die Ihnen sicher auf die Sprünge helfen.

Sie werden gewiss erraten haben, dass es um das sagenumwobene „Internet" geht oder, wie es sich auch nennt: das „World Wide Web". Ich unterlasse es ganz bewusst, für die obigen Begriffe Übersetzungen beizubringen. Es gibt keine.

Auch die Neuzeller Klosterbrauerei war seit geraumer Zeit in diesem neuen und unverzichtbaren Medium in Form von „Bits und Bites" vertreten. Seit 1996 waren wir stolze Besitzer einer „Homepage", auf der die Bierfreunde in aller Welt unseren Betrieb und seine Erzeugnisse bewundern und – was noch viel besser ist – auch direkt bestellen konnten. Für den Fall, dass es Sie jetzt schon juckt, unsere Präsenz im Äther des elektronischen Kosmos einmal anzusehen – vorausgesetzt, Sie befinden sich im Besitz der entsprechenden technischen Einrichtungen und des erforderlichen „Know-hows" – verrate ich Ihnen gerne unsere Internet-Adressen: **www.neuzellerbier.de** sowie **www.klosterbrauerei.com**.

Diese Adresse brachte uns Kunden für unsere Artikel beinahe aus der ganzen Welt, von Amerika bis Australien, von Hammerfest bis zum Kap der guten Hoffnung. Schon früh war der Name der Neuzeller Klosterbrauerei und ihres Bieres über die Grenzen unserer engeren und weiteren Heimat hinausgeschwappt. Es war kaum zu glauben, in welchen Winkeln der Welt Anteil am „Brandenburger Bierstreit" genommen wurde. Und fast auf jedem Erdteil fanden sich auch Interessenten, die den „Casus Delicti" einmal persönlich in Augenschein nehmen – und kosten – wollten. Wie konnte es da anders sein, als dass wir einen Internet-Versand einrichteten, der die Wünsche unserer Kunden im In- und Ausland in kürzester Zeit erfüllen konnte.

Gott sei Dank gibt es eine Menge fleißiger Geister, die sich um die Erstellung und Pflege einer solchen Internetpräsenz kümmern, denn ich persönlich – so gebe ich zu – wäre damit doch überfordert; meine Stärken liegen eindeutig mehr im Marketing und kaufmännischen Bereich. So konnte ich meinen ältesten Sohn Stefan begeistern, in das Unternehmen zu kommen und sich dem Internet sowie unseren Exportgeschäften zu widmen.

Zudem erwuchs mir im eigenen Hause eine weitere – wenn auch unerwartete – Hilfe, wenn es um gute Ideen für unsere in die Zukunft gerichtete elektronische Werbung ging; und diese Hilfe kam erneut aus der Vergangenheit, genauer gesagt, aus dem Mittelalter. Sie erraten es schon? Richtig, es war der Abt Hermann, der bei mir im Internet „surfen" ging.

Seitdem der Schwarze Abt durch den lautstarken Bierstreit aus seiner Gruft an die Oberfläche getrieben worden war, hatte er uns Neuzeller Bierbrauern mit Rat und Tat zur Seite gestanden. So manche intelligente Idee, die sich in den nächtlichen Gesprächen mit ihm ergab, verdankte ich ihm. Eines Abends erschien er wieder unerwartet in meinem Büro und fragte mich, was aus dem „sagenhaften Amerika" geworden sei, das seinerzeit ein gewisser in spanischen Diensten stehender Italiener namens „Grotumbus oder so ähnlich" auf einer Schiffsreise entdeckt hätte. Es sei nämlich, so berichtete mir der Abt, vor langer Zeit wieder einmal einer seiner Nachfolger in die Gruft gekommen, der ihm über den neu entdeckten Kontinent berichtet habe, und nun wüsste er gern, ob „da zwischendurch mal wieder einer hingefahren" sei.

Mit gutem Gewissen konnte ich bejahen. Nachdem ich dem guten Hermann den richtigen Namen des berühmten Entdeckers verraten hatte, bemühte ich mich redlich, ihm verständlich zu machen, was aus diesem „Amerika" bis heute geworden war. Dies Unterfangen war nicht einfach und dauerte einige geschlagene Stunden. Um alles etwas anschaulicher zu gestalten, kam mir die Idee, den Computer einzuschalten und den Schwarzen Abt in das Internet einzuführen.

Glücklicherweise war mein Freund aus dem Mittelalter alles andere als rückständig und stürzte sich mit Begeisterung auf das neue Medium. Hier war tatsächlich die ganze Welt zu erleben! Und natürlich Amerika, für das sich der ehemalige Klostervorsteher besonders interessierte. Wie erstaunt war er darüber, dass man sogar dort das Neuzeller Klosterbier kannte und trank! Nachdem ich ihm erklärt hatte, wie das mit dem Bierversand über das Internet funktionierte, war er ganz hingerissen von dem Gedanken, dass auf diese Weise „sein Klosterbier" auf der ganzen Welt bekannt geworden war. Und da er ein schlaues Kerlchen war, stellte er mir die Frage, ob wir unseren Kunden in Amerika das Schwarzbier als „Blackbeer" verkaufen dürften oder ob uns daran ebenfalls die deutschen Vorschriften hindern würden.

Ich schaute ihn ungläubig an, dann ging mir der Sinn seiner Frage auf. Tatsächlich lieferten wir unser Schwarzbier bisher unverändert als „Schwarzen Abt" in alle Welt. Aber konnten die Herrschaften dort mit dieser Bezeichnung etwas Eindeutiges anfangen? Zumindest in Englisch müsste man es ihnen sagen; also „Black Abbot" oder so ähnlich. Viel besser wäre es aber, wenn wir den echten Namen „Schwarzbier" bzw. „Blackbeer" verwenden könnten. Möglich müsste das sein, denn im Ausland galt das Reinheitsgebot nicht!

Wenn wir es nun schafften, den Namen „Schwarzbier" zumindest für unsere Exporte zurückzugewinnen, wäre das eine herausragende Gelegenheit, ausländische Absatzmärkte zu erschließen. Eine wahrhaft „globale" Idee, die ich in Angriff nehmen wollte.

Anfang März 1998 ging es vorerst darum, die Apothekenbetriebsordnung zu erfüllen. Der für die Überprüfung der „Apothekenüblichkeit" zuständige Pharma-Daten-Service „ABDATA" wollte hierzu ohne eine Stellungnahme der zuständigen Überwachungsbehörde – sprich: das Agrarministerium in Postdam – keine Entscheidung treffen. Aus meiner Sicht verständlich – ganz gewiss hatte bei der ABDATA noch niemand etwas von einem Gesundheitsbier gehört. Wir waren die Ersten, die damit auf den Markt kamen! Also bemühten wir unsere „lieben Freunde" der Landesbehörden mit der Bitte um eine Stellungnahme. Der unerwartet kurzfristigen Reaktion von Ministerialrat Dr. Desselberger entnahmen wir, dass in diesem Falle nicht das Landwirtschafts-, sondern das Gesundheitsministerium zuständig war. Die stillschweigende Freude bei den Agrariern, dass die Kollegen eines anderen Ressorts mal mit einem unserer ungeliebten Anträge belästigt wurden, wird gewiss groß gewesen sein.

Von dort erreichte uns Mitte Juni 1998 ein Bescheid, dessen Tenor wir in den letzten Jahren zur Genüge gewohnt waren – unser Antrag zur Einstufung des „Schwarzen Elixiers" als „apothekenübliches Kosmetikmittel" wurde abgelehnt.

Zur Begründung führten die Gesundheitsverwalter an, dass „Kennzeichnung und Aufmachung" des Produktes eindeutig der eines „kosmetischen Mittels mit der überwiegenden Zweckbestimmung ‚Pflege'" entsprechen müssten. Da wir es jedoch dem Verbraucher anheim stellten, ob er es „äußerlich" zur Pflege oder „innerlich" zum Genuss anwenden wollte, wäre eine eindeutige Zuordnung als kosmetisches Mittel – speziell als Badezusatz – nicht möglich. Für ein „Zwitterprodukt", das gleichzeitig kosmetisches Mittel und Lebensmittel war, gebe es keine gesetzliche Grundlage.

Da hatten wir wieder die übliche Uneindeutigkeit der Vorschriften, wie wir sie hinreichend aus dem Bierrecht kannten. Warum, bitte schön, wurde unser Bier von Seiten des Agrarministeriums eindeutig als „kosmetisches Mittel" und nicht als Lebensmittel eingeordnet (für das eine Genehmigung zur Herstellung und zum Vertrieb nicht erforderlich war), wenn dasselbe Produkt nach den Apothekenvorschriften wieder kein „kosmetisches Mittel" war? Es schien im deutschen Rechtssystem kaum noch einen Bereich ohne Widersprüche zu geben.

Bevor wir uns rüsteten, auch hier die Barrikaden der Bürokratie zu stürmen, fand der von uns mit großer Spannung erwartete Besuch des neuen Agrarministers Gunther Fritsch in Neuzelle statt. In einem einleitenden Gespräch unter vier Augen erläuterte ich den Sachstand im „Brandenburgischen Bierstreit". Schnell einigten wir uns darauf, die Auseinandersetzung künftig auf einem „gepflegteren Niveau" als bisher weiterzuführen, damit der Absatz der Brauerei ungefährdet fortgesetzt werden konnte. Minister Fritsch sagte mir eine unvoreingenommene Prüfung meiner Wünsche zu und nahm von mir umfangreiche Akten über die zurückliegenden Ereignisse entgegen. Er werde alles durchgehen, versprach Fritsch, ließ aber den Zeitrahmen offen.

„Die Welt ist bunt und breit, was weiß ich, wie lange es noch das Deutsche Reinheitsgebot gibt", orakelte der Ressortchef mit dem ihm eigenen hintergründigen Humor. Ich wies meinen Fast-Namensvetter darauf hin, dass es mir nicht um den Sturz des im Kern bewährten Reinheitsgebotes gehe, sondern um die Genehmigung einer aus meiner Sicht rechtmäßigen Ausnahmeregelung für unser Schwarzbier.

Von Berührungsängsten schien der Minister im Gegensatz zu seinem Amtsvorgänger frei zu sein. Er gab zu, unseren „Schwarzen Abt" ausgesprochen gern zu trinken, doch ließ er geschickt offen, ob er den Gerstensaft für „Bier" hielt oder nicht. Er wollte hierzu die Entscheidung im anhängigen Gerichtsverfahren vor dem Frankfurter Verwaltungsgericht abwarten.

Über die „Amtsposse" des Jahres 1998 (die Korinthenzählerei des Eichamtes mit den Buchstabengrößen unserer Etiketten) amüsierte sich Minister Fritsch köstlich und konnte sich über so viel Borniertheit kaum einkriegen. Er stimmte mir auch in meiner Beurteilung der Sache zu. Da hätten wir „die deutsche Bürokratie aus fünf Jahrhunderten als unseren gemeinsamen Gegner", ließ er sich vernehmen und war der Meinung, dass man gegen bürokratische Hemmnisse solcher Art „gemeinsam vorgehen" müsse. Am Ende schlug der Minister sogar vor, eine Volksabstimmung über die „Bier oder nicht Bier-Frage" anzuberaumen. Ich griff das sofort auf und regte an, die sieben Millionen Flaschen einer Neuzeller Jahresproduktion mit speziellen Abziehern zu versehen, über welche die Bierliebhaber ihre Stimme abgeben könnten.

Auch den Ernst der Situation hatte Gunter Fritsch erkannt. Hier ging es um den Erhalt von Arbeitsplätzen und die Zukunft eines erfolgreichen Produktionsstandortes. Jedenfalls gehörte der Minister nicht zu der Sorte Politiker, die ständig an einer Philosophie des Elends herumdokterten und anderen die Ohren volljammerten, wie schlecht es dem Land ginge, ohne auch nur den Anflug einer Idee zu haben, wie das zu ändern wäre.

Nach der anschließenden Betriebsbesichtigung bekräftigte Minister Fritsch seine Zusage, den Bierstreit unvoreingenommen zu überprüfen und sich weiterhin mit uns eng zu verständigen. Würde er dieses Versprechen halten?

Festung Apotheke

Der ablehnende Bescheid über die Zulassung unseres Badebieres zum Verkauf in Apotheken machte einen weiteren Feldzug gegen die „Bürokratie aus fünf Jahrhunderten" erforderlich. Dabei wurde in früheren Zeiten Bier durchaus in Apotheken verkauft. Aber das Vorschriften-Wirr-Warr erstreckte sich auch auf den Bereich des Pharmahandels.

Jetzt richtete ich ein Schreiben an das zuständige Gesundheitsministerium, in dem ich mein Unverständnis über diese Entscheidung zum Ausdruck brachte. Warum werden innovativ und kreativ handelnden Unternehmern von Seiten der Behörden immer wieder Knüppel zwischen die Beine geworfen, obwohl in den offiziellen Verlautbarungen der Politik ständig das Gegenteil zu hören war? Hatte nicht gerade der Landwirtschaftsminister ein entschiedenes Vorgehen gegen bürokratische Hemmnisse gefordert? Die Realität sah wie so häufig ganz anders aus.

Was war gegen ein Badebier zu sagen, das als pflegendes Mittel und als Lebensmittel zu verwenden war und das dem Verbraucher die Entscheidung über die Art der Anwendung überließ? Man sollte sich doch wahrlich über die Vielseitigkeit eines solchen Produktes freuen, anstatt ständig auf der Suche nach neuen Verhinderungsargumenten zu sein.

Auch mein Hinweis auf die Verwendungsmöglichkeiten des „Schwarzen Elixiers" als nachgewiesenermaßen exzellentes Pflegemittel z. B. zum Haarewaschen und -spülen oder als Badezusatz wurde nicht akzeptiert. Stattdessen beriefen sich die wackeren Beamten im Ministerium erneut auf einen Wust von Vorschriften und stellten uns vor die Entscheidung, unser Badebier als Pflegemittel *oder* als Lebensmittel zu verkaufen. Bis dahin sei das Ministerium gezwungen, uns die Bestätigung der „Apothekenüblichkeit" zu verweigern.

Ich teilte der Behörde in meiner Antwort mit, dass es unsere Absicht war, das „Schwarze Elixier" in den Apotheken als „kosmetisches Mittel" zur äußeren Anwendung zu verkaufen, wir es aber nicht mit Sicherheit ausschließen könnten, dass der Verbraucher es auch innerlich anwenden würde, ähnlich wie Klosterfrau Melissengeist.

Dass ich die Phantasie der Mitarbeiter im Gesundheitsministerium überfordert hatte, zeigte die Tatsache, dass ich daraufhin zu einem persönlichen Gespräch zur Klärung dieser Frage nach Potsdam eingeladen wurde. Es fand am 30. Juli statt. Dieses freundliche Angebot deutete an, dass die Behörde an einer konstruktiven Lösung interessiert war.

Fast zur gleichen Zeit – 6. Juli 1998 – hatte ich eine Information des Lebensmittelüberwachungsamtes unseres Landkreises erhalten, in welcher die Kennzeichnung unseres „Original Badebieres" beanstandet wurde. Wir hätten – so die Verordnungshüter – unser Badebier nach den Vorschriften der Kosmetikverordnung und nicht nach der Lebensmittelkennzeichnungsverordnung zu kennzeichnen, da das Produkt ein kosmetisches Mittel und kein Lebensmittel sei.

War das noch zu fassen? Soeben hatte mich die eine Behörde darüber informiert, dass unser Badebier kein kosmetisches Mittel sei und daher nicht in Apotheken verkauft werden dürfe, und prompt behauptet die zweite Behörde das Gegenteil und fordert uns auf, die Kennzeichnung zu ändern.

Redlich bemühte ich mich, auch den Lebensmittelüberwachern des Landkreises Oder-Spree die Besonderheiten unseres innovativen Produktes näher zu bringen. Gerade die Tatsache, dass das Neuzeller „Original Badebier" vielseitig einsetzbar war, machte ja die Einzigartigkeit dieser Spezialität aus. Dem Verbraucher blieb es überlassen, ob er es der äußeren oder inneren Anwendung zuführte. Beides war möglich und empfehlenswert; beides taten schon unsere Vorfahren zur Erhaltung und Verbesserung der Gesundheit. Auch hatten wir in der Kennzeichnung unseres Badebieres auf diese alternative Nutzungsmöglichkeit Rücksicht genommen und dabei eine Identifizierung der Herstellung eindeutig und nachweislich sichergestellt. Dem Sinn nach waren unserer Ansicht nach die Anforderungen sowohl der Lebensmittel- als auch der Kosmetikmittelkennzeichnung erfüllt und damit gleichzeitig dem Verbraucherschutz Genüge getan. Dagegen würde eine ausschließliche Kennzeichnung als „kosmetisches Mittel" dem zweifachen Verwendungszweck des Badebieres nicht entsprechen und die Käufer im Unklaren über die Eigenschaften des Produktes lassen. Das war für uns nicht akzeptabel. In der vagen Hoffnung auf eine flexible Auslegung der Vorschriften bat ich die Lebensmittelüberwachung um Beibehaltung der bisherigen Kennzeichnung.

Kein Ende der „Realsatire"

Ein Jahr war vergangen, seit wir die Klage auf Erteilung einer Ausnahmegenehmigung für unseren „Schwarzen Abt" beim Verwaltungsgericht in Frankfurt/Oder eingereicht hatten. Eine Terminierung der Verhandlung war noch nicht erfolgt und schien noch in weiter Ferne zu liegen. Somit stand eine Entscheidung, ob unser „Schwarzer Abt" im Sinne der Gesetze ein „Bier" war oder nicht, weiter aus.

Seit 1996 wurde unser bürokratischer Hürdenlauf intensiv von der deutschen und internationalen Öffentlichkeit verfolgt. Große Wellen der Sympathie erreichten uns fast täglich aus aller Welt. Alle wichtigen Ereignisse des „Bierkrieges" wurden von den Medien aufgegriffen – sei es die Einführung unserer neuen Produkte, wie das Badebier oder die beliebte „Brandenburger Amtsposse", sei es unser Auftritt auf der „Grünen Woche" in Berlin oder der Besuch des neuen Agrarministers bei uns in Neuzelle.

Wie sehr auch die Bürger unseres Landes Anteil am Kampf eines kleinen brandenburgischen Unternehmens gegen die jede unternehmerische Initiative behindernde staatliche Bürokratie genommen hatten, zeigten unzählige Leserbriefe, die im Laufe der Jahre in den verschiedenen regionalen und überregionalen Gazetten veröffentlicht wurden. Wie schrieb doch ein Zeitungsleser aus Dresden Anfang des Jahres 1998 so treffend:

„Wichtig ist, dass die Leute in Potsdam, die für die von ihnen inszenierte Realsatire bezahlt werden, wissen, wann die Vorstellung beendet werden muss. Denn wenn das Bräu schal wird, kann das Publikum sauer werden."

Leider wurde bald deutlich, dass die „Leute in Potsdam" keinesfalls wussten, wann die „Realsatire" zu beenden war, denn das klärende Gespräch im Gesundheitsministerium zu Potsdam am 30. Juli 1998, in dem es um die

Bestätigung der Apothekenüblichkeit unseres „Schwarzen Elixiers" ging, brachte kein Ergebnis. Ich verließ die Sitzung mit der Bemerkung: „Ich mache nun das, was ich für richtig halte!" Seitdem habe ich von diesen Bürokraten nichts mehr gehört.

Wieder einmal hatten wir die Behörden in ein regelrechtes Dilemma gestürzt, denn für ein Produkt wie unser Badebier, das sowohl als kosmetisches Mittel als auch als Lebensmittel verwendet werden konnte, gab es schlicht und einfach keine Vorschriften! Deshalb sah sich das Ministerium nicht in der Lage, eine Entscheidung zu treffen. Angesichts der an den Widersprüchlichkeiten der gesetzlichen Bestimmungen endgültig zerbrochenen Handlungsfähigkeit der Verwaltung teilten wir unseren Entschluss mit, sowohl das „Schwarze Elixier" als auch das „Badebier" wie vorgesehen ab August 1998 mit der von uns vorgeschlagenen Kennzeichnung in den Handel zu bringen und auch den Apotheken anzubieten. Dem Ministerium stellten wir anheim, uns abzumahnen, falls eine Fehlhandlung vorläge, was bis auf den heutigen Tag nicht geschehen ist.

Offensichtlich waren die Beamten in Potsdam froh, von dieser Angelegenheit nichts mehr sehen und hören zu müssen.

Es passte wie die Faust aufs Auge, dass wir just in diesem Monat unsere „Brandenburger Amtsposse 1998" mit dem geschilderten berühmten „Zahlensalat" ausliefern konnten.

Viele Bierliebhaber haben das kleine Rätsel auf dem Rückenetikett doch gelöst und herausgefunden, welche Ziffern um die beanstandeten 0,5 bzw. 0,2 mm kleiner waren. Mit bloßem Auge hat das keiner geschafft; dazu bedurfte es der Hilfe einer leistungsstarken Lupe. Viele lustige und originelle Zuschriften erreichten uns und bewiesen, dass wir mit unserer „Amtsposse" auch in diesem Jahr wieder richtig lagen.

Gibt es den leistungsfähigen, freundlichen und flexiblen Beamten? Selbstverständlich gibt es den. Es ist lediglich nicht leicht, ihm zu begegnen. Obwohl – oder gerade weil – wir Neuzeller Klosterbrauer in den vergangenen Jahren nicht immer gute Erfahrungen mit dem Amtsschimmel gemacht hatten, gaben wir die Hoffnung nicht auf, dass es bei der Verwaltung auch anders zugehen kann. Deshalb kreierten wir nach dem spektakulären Erfolg des Badebieres eine weitere zukunftsweisende Innovation: das „Beamten-Bier". Diese Neukreation aus unseren Klostermauern sollte keinesfalls dazu dienen, Staatsdiener einzuschläfern, sondern im Gegenteil sie dazu ermuntern, unkonventionell und bürgerfreundlich zu handeln.

Gemeinsam mit dem Kurdirektor von Bad Saarow, der ebenfalls in der Vergangenheit von der Bürokratie aller Ebenen mehr als einmal gebeutelt worden war, nahm ich mir vor, den „Brandenburger Beamten des Jahres 1998" zu küren. Der Sieger des Wettbewerbes sollte als Preis eine Riesenflasche Bier mit seinem Konterfei versehen sowie einen Wanderpokal erhalten, der in den Folgejahren an andere, außergewöhnlich tüchtige Beamte des Landes weitergereicht werden sollte. Darüber hinaus winkte eine Jahreskarte für die soeben fertig gestellte Therme in Bad Saarow. Wir veröffentlichten in der Presse einen Aufruf an die Bürger unseres Landes, uns einen Beamten zu nennen, der im Laufe des Jahres durch besonders bürgerfreundliches Engagement aufgefallen war. Gesucht wurden solche Staatsdiener, die sich an Gesetze und Vorschriften hielten, jedoch auch ihre Ermessensspielräume wahrnahmen und bürgerfreundlich handelten, um viel im Sinne der Gemeinschaft zu bewegen. Mit dieser Aktion wollte ich zudem ein deutliches Signal geben, dass ich keinesfalls die gesamte Verwaltung und alle Behörden als Gegner ansah, sondern nur solche Vertreter des Staates, die es sich – aus welchen Gründen auch immer – zum Ziel gesetzt hatten, mittelständische Aktivitäten zu verzögern oder zu behindern.

Und siehe da, wir haben den vorbildlich bürgerfreundlichen Beamten auch wirklich gefunden. Eine Vielzahl an Zuschriften erreichte uns aus allen Teilen des Landes, sodass wir wirklich die „Qual der Wahl" hatten. Unsere Entscheidung fiel schließlich auf Carsten Görsdorf von der Bauaufsichtsbehörde in Beeskow, in dessen Persönlichkeit sich die traditionellen preußischen Beamtentugenden wie Pflichttreue, Gewissenhaftigkeit, Fleiß, Höflichkeit, Bescheidenheit und Flexibilität auf das Glücklichste vereint finden ließen. Es ist mir noch heute eine besondere Freude, Herrn Görsdorf den Preis „Brandenburger Beamter des Jahres 1998", verbunden mit einer Spende über 1000 Mark an die SOS-Kinderdörfer, persönlich überreicht zu haben.

So viel zu den positiven Seiten des Behördeninnenlebens. Leider wurde es uns schnell wieder bewusst, dass es auch noch die schlechten Beispiele gab. Eine weitere unrühmliche Erfahrung dieser Art musste die Neuzeller Klosterbrauerei während der „Grünen Woche" im Januar des Jahres 1999 machen, als uns von Seiten des Fachverbandes „pro agro", der diese wichtige internationale Messe mitverantwortlich organisierte, die dekorative Gestaltung unseres Standes nach unseren Vorstellungen aus unerfindlichen Gründen verweigert wurde. Wir überlegten daraufhin, wie wir unseren Unmut über diesen Affront zum Ausdruck bringen könnten. So nahmen wir an der offiziellen Feier zum Brandenburg-Tag aus Protest nicht teil und verhängten unseren Stand mit einem weißen Tuch, das die Aufschrift trug: „Verzicht verstärkt die Begehrlichkeit." Kurz darauf kam es zu einem Zwischenfall, der für das damalige Nervenkostüm mancher Staatsdiener so bezeichnend ist, dass ich ihn hier wiedergebe: Ein hoher Ministerialbeamter aus dem Potsdamer Agrarministerium (seinen Namen lasse ich anstandshalber unerwähnt) erblickte den Vorhang samt Aufschrift, stürmte wutentbrannt hinzu und riss das Laken unter wüstem Schimpfen herunter. Ich hielt es für meine Pflicht, Minister Fritsch über dieses Vorkommnis schriftlich zu unterrichten. Später erfuhr ich, dass der „Standschänder" für seine Ausfälligkeiten eine entsprechend heftige Rüge erhalten hat.

Ich sah mich – auch aufgrund von anderen negativen Vorkommnissen in der Vergangenheit – gezwungen, die langjährige Mitgliedschaft unseres Betriebes bei „pro agro" zu kündigen. Ich teilte diesen Sachverhalt dem Agrarminister mit, der mir daraufhin in einem persönlichen Schreiben sein Bedauern über den Schritt mitteilte und hinzufügte: *„Mit der nötigen Gelassenheit sollte der Verein („pro agro", d.V.) auch die Ideen ‚kreativer Querdenker' berücksichtigen können."*

Im Frühjahr 1999 zeichnete sich ein großer Erfolg unserer innovativen Idee des „Badebieres" ab. Auch das „Schwarze Elixier" wurde von den Apotheken hervorragend angenommen – und dies trotz fehlender „Pharmanummer". Schon aus 50 Orten waren Bestellungen für unsere Gesundheitsspezialität eingetroffen. Der „Sturm auf die Medikamententempel" war ein Erfolg geworden!

Leider sahen das die Behörden schon wieder etwas anders. Diesmal nicht im Lande Brandenburg, sondern in dem an anderer Stelle von mir so hochgelobten Sachsen! Von dort erreichte mich im Januar 1999 die Mitteilung eines Apothekers, dass ihm der Vertrieb unseres Badebieres mit der Begründung untersagt worden sei, bei dem Produkt handele es sich nicht um eine „apothekenübliche" Ware, da eine eindeutige Zuordnung nach der Apothekenbetriebsordnung nicht möglich sei. Auch im Lande Augusts des Starken mangelte es also an Flexibilität. Dabei war unser „Badebier" in einschlägigen Fachzeitschriften eindeutig als „Apotheken-Kosmetikum" bezeichnet und nachhaltig empfohlen worden! Ich möchte es nicht versäumen, die Antwort des Apothekers an die Behörde im Auszug wiederzugeben, da sie deutlich macht, welche Bedeutung unser Badebier für den Gesundheitsbereich nach Meinung der Experten „an der Basis" wirklich hatte:

„Mit einer generellen Herausnahme des Badebieres aus dem Apothekensortiment bin ich ... nicht einverstanden. Dieses apothekenexklusive Produkt gehört in den Bereich Wellness und trägt somit auch zur Gesunderhaltung bei.

In Zeiten, wo ohne fundierte Fachberatung unkontrolliert Arzneimittel im Supermarkt und an den Tankstellen erworben werden können, bitte ich um eine großzügige Auslegung des § 25 Apothekenbetriebsordnung. Schließlich sollen und müssen wir uns mehr und mehr zum ‚Haus der Gesundheit' entwickeln."

Ein eindeutigeres Plädoyer zugunsten einer flexiblen Anwendung der Vorschriften im Sinne der Betriebe und der Verbraucher konnten wir uns nicht wünschen.

Wie verkauft man ein Bier, das man nicht lagern darf?

Während in Deutschland das fröhliche Baden im Bier seinen Fortgang nahm, wendeten wir in Neuzelle uns den durstigen Freunden des Gerstensaftes in aller Welt zu. Insbesondere aus den Vereinigten Staaten erreichten uns immer wieder Bestellungen von Bierliebhabern, die unsere Schwarzbierspezialität kennen lernen und genießen wollten. Grund genug, sich eingehend mit der Intensivierung unseres Exportes zu beschäftigen! Hatte nicht schon Abt Hermann anlässlich seiner Ausflüge ins Internet angeregt, unseren „Schwarzen Abt" für unsere überseeischen Kunden „fit" zu machen?

Vorerst waren einige Fragen zu klären; insbesondere, ob wir unseren „Schwarzen Abt" im Ausland unter der

Bezeichnung „Schwarzbier" verkaufen konnten. Dies war zwar in unserem Land verboten, galt aber nicht im Ausland, denn das Reinheitsgebot ist allein auf Deutschland bezogen. Die Antwort konnte nur das Agrarministerium in Potsdam geben, auch auf die Gefahr hin, dass die Beamten dort nach unseren „Anschlägen" in der Vergangenheit – dem „Schwarz…", dem „Schwarzen Abt", dem „Badebier", dem „Schwarzen Elixier" und nicht zuletzt der „Amtsposse" – an den Rand des Nervenzusammenbruchs gerieten.

Im August 2000 sandte ich eine Anfrage an unseren alten Bekannten und Duellpartner, Ministerialrat Dr. Desselberger, in der ich meine Absicht äußerte, den „Schwarzen Abt" unter der Bezeichnung „Schwarzbier" speziell für die Ausfuhr herzustellen und in Verkehr zu bringen, und bat um eine Sondergenehmigung nach dem „Vorläufigen Biergesetz". Ich ergänzte, dass wir den Vertrieb auch über das Internet abzuwickeln beabsichtigten.

Dass ich mit diesem Vorstoß erneute Komplikationen heraufbeschwor, die uns für die folgenden elf Monate (!) beschäftigen sollten, war zu erahnen.

Die neue Geschichte begann mit der Frage, ob für das Inverkehrbringen unseres „Abtes" unter der Kennzeichnung „Schwarzbier" für den Zweck der Ausfuhr überhaupt eine Genehmigung der inländischen Behörden erforderlich sei. Das Potsdamer Agrarministerium verneinte dies und stellte fest, dass lediglich eine Genehmigung zur Herstellung des für den Export bestimmten Bieres erforderlich sei, deren Erteilung man im Falle eines Antrages prüfen werde. Demgegenüber seien für das Inverkehrbringen im Ausland allein die Behörden des Empfängerlandes zuständig.

Ich erwiderte, dass diese Auffassung mit den gesetzlichen Bestimmungen nicht übereinstimme. Denn das Vorläufige Biergesetz sagte eindeutig, dass zur Bereitung von Bier, das zur Ausfuhr vorgesehen ist und vom Reinheitsgebot abweicht, eine Genehmigung der zuständigen Landesbehörden erforderlich sei. Die Bereitung von Bier umfasste nach den einschlägigen Vorschriften alle Herstellungsprozesse bis zur Abgabe an den Verbraucher, das heißt auch die Ausfuhr z. B. durch einen Spediteur ins Ausland. Ich wiederhole daher meinen Antrag auf Erteilung einer Ausnahmegenehmigung.

Tatsächlich hatten die Paragraphenhüter in Potsdam für meine Argumentation ein Einsehen und wir erhielten mit Datum vom 12. Dezember 2000 auf unseren Antrag die entsprechende Ausnahmegenehmigung nach dem § 9 Absatz 7 des „Vorläufigen Biergesetzes". Wir durften demnach „ausnahmsweise" dem Schwarzbier, das eigens für den Export hergestellt und vorgesehen wurde, Invertzucker zusetzen und das Ganze auch „Schwarzbier" nennen!

Vergegenwärtigen wir uns, was das bedeutete: Wofür wir für das Inland seit Jahren vergeblich stritten, wurde uns für den Verkauf ins Ausland mit einem Federstrich genehmigt!

Plötzlich war der in der Vergangenheit vehement bekämpfte Zusatz von Zucker kein Problem mehr. Das ganze Dilemma des „Bierstreites" war damit noch einmal auf den Punkt gebracht. Was durstige Amerikaner und andere Ausländer als „Schwarzbier" genießen konnten, musste den Deutschen als „Nicht-Bier" verkauft werden.

Die Ausnahmegenehmigung wurde vom Ministerium auf drei Jahre befristet und auf Widerruf erteilt. Warum, blieb im Dunkeln. Das Ministerium berief sich zur Begründung auf eine Vielzahl von Verwaltungsvorschriften und gab zur Kenntnis, dass dadurch unsere „Geschäftsausübung" nicht behindert werde. Wahrscheinlich wollten die Paragraphenhüter sich ein „Hintertürchen" zum Ausstieg offen halten. Der Brauerei wurde zudem auferlegt, den Beginn der Bierherstellung und des Exportes dem Lebensmittelüberwachungsamt anzuzeigen. So einfach war das!

Nicht nehmen ließ ich es mir, Dr. Desselberger dafür zu danken – wie sich bald herausstellte, leider zu früh –, dass er es uns ermöglichte, unser nach alter Mönchsrezeptur hergestelltes Schwarzbier, dem man die Ausnahmegenehmigung für den Vertrieb im Inland bisher standhaft verweigert hatte, in der Neuen Welt unter seinem wirklichen Namen zu verkaufen.

Gleichzeitig legte ich den Entwurf für ein Etikett vor, das wir eigens für den US-Markt entwickelt hatten. Hier trug unser ehrwürdiger „Schwarzer Abt" wieder seinen rechtmäßigen deutschen Namen „Schwarzbier"! Würden wir wohl noch erleben, es auch bei uns unter diesem Namen verkaufen zu können? Mit den zuständigen Behörden der Vereinigten Staaten hatten wir die Etikettengestaltung bereits abgesprochen – Einwände hatte dort niemand, im Gegenteil, man freute sich auf das gute deutsche Bier. Von bürokratischer Gängelei keine Spur. Hier in Deutschland ging es hingegen erst richtig los.

Unser Neuzeller Klosterladen, in dem wir unsere Produkte im Direktverkauf anboten, wurde schon seit Jahren zunehmend von ausländischen Touristen aufgesucht. Verständlicherweise wollten wir unser speziell für den Export vorgesehenes Schwarzbier auch hier anbieten und an unsere weit gereisten Kunden abgeben. Gleiches galt auch für die Werbung und den Verkauf auf unseren Internetseiten. Unser gesamtes Sortiment war hier in einem „virtuellen Klosterladen" zur weltweiten direkten Bestellung auf elektronischem Wege bereitgestellt. Selbstverständlich sollte unser neues Export-Schwarzbier ebenfalls in diesem Katalog erscheinen und für unsere ausländischen Kunden verfügbar sein – neben deutscher auch in englischer, französischer, italienischer, polnischer, russischer und sogar japanischer Sprache.

Entsprechendes teilte ich dem Agrarministerium mit, verbunden mit der Bitte um Genehmigung.

Zu meiner Überraschung erhielt ich Anfang Februar 2001 ein Schreiben des Ministeriums, in dem klargestellt wurde, dass uns eine Genehmigung zum Inverkehrbringen des „Schwarzen Abtes" unter dem Namen „Schwarzbier" im Ausland keinesfalls genehmigt worden sei – sondern lediglich die Herstellung des Bieres zur Ausfuhr unter Abweichung vom Deutschen Reinheitsgebot. Ein eklatanter Widerspruch zu den früher getroffenen Aussagen des Ministeriums, einschließlich der Erteilung einer Ausnahmegenehmigung nach dem „Vorläufigen Biergesetz"! Gleichzeitig wurde uns jegliches Anbieten, Vorrätighalten (!) sowie der Verkauf des Getränkes unter dem Namen „Schwarzbier" auf dem Betriebsgelände der Neuzeller Klosterbrauerei untersagt – ebenso wie die Bewerbung und der Verkauf im Internet unter „einem in Deutschland nicht zulässigen Namen".

Da war sie wieder, die alte Widersprüchlichkeit der Behördenaussagen. Wozu, in aller Welt, brauchten wir die Genehmigung zur Herstellung eines Bieres, das wir hinterher weder lagern, bewerben, noch als Bier verkaufen durften? Sollten wir es nach dem Brauen etwa gleich wieder vernichten? Und wie sollten denn um Himmels willen die Kunden in Übersee auf unser Produkt aufmerksam werden, geschweige denn es bestellen können, wenn eine Präsentation im Internet verboten war? Ich konnte diesen Vorgang nur als einen erneuten böswilligen Angriff auf die wirtschaftliche Entwicklung und Zukunftsfähigkeit unseres Unternehmens werten.

Meinem Unmut, gelinde gesagt, machte ich mit der Aufforderung an das Ministerium Luft, die aufgetauchten Widersprüche sofort und rechtsverbindlich zu klären. Als Ergebnis erhielt ich die Mitteilung, man sei „inhaltlich" offensichtlich von mir nicht richtig verstanden worden. Es folgte eine belanglose, verworrene und uneindeutige Wiederholung schon getroffener Aussagen, die keinerlei Klärung brachten und daher hier nicht angeführt werden müssen.

Nun platzte mir sprichwörtlich der Kragen und ich setzte angesichts dieses Wirrwarrs ein Schreiben auf, in dem ich die Sachlage – gewollt ultimativ – so klarstellte, wie ich sie verstand und wie sie nach den grundlegendsten Regeln menschlicher Vernunft und Logik nur verstanden werden konnte, weil alles andere – auf Deutsch gesagt – Schwachsinn war:

1. *Wir können unser Produkt „Schwarzer Abt", dem Invertzuckersirup zugesetzt wird, als Bier herstellen und mit der Kennzeichnung „Schwarzbier" ins Ausland exportieren.*
2. *Von der Herstellung bis zum Versand ins Ausland kann das als „Schwarzbier" etikettierte Bier im Lagerkeller der Klosterbrauerei Neuzelle vorrätig gehalten werden.*
3. *Das als „Schwarzbier" gekennzeichnete Produkt kann im Internet bildlich dargestellt, beworben und über das Internet ins Ausland exportiert werden.*

Ich ergänzte den folgenden Satz, wobei ich mir die Ironie nicht verkneifen konnte:

„Ich freue mich, dass wir nunmehr eine praktikable Lösung für den Export unseres Bieres ... gefunden haben, die den Ansprüchen unserer Partner im Ausland entspricht und die der Klosterbrauerei Neuzelle neue Märkte im Ausland eröffnet."

Die Herrschaften im Ministerium schienen von meinem energischen Eingreifen gegen das bürokratische Chaos derart beeindruckt gewesen zu sein, dass ich auf mein Schreiben zuerst gar keine Antwort erhielt. Stattdessen stürzte sich die Presse dankbar auf diese neue

Eskalation der „Brandenburger Amtsposse" und ergoss tagelang ihre Häme über die Verwaltung, die einer Brauerei zwar die Genehmigung zum Herstellen eines Bieres erteilte, gleichzeitig jedoch die Lagerung, die Bewerbung und den Verkauf untersagte. Eine große deutsche Boulevardzeitung machte mit der Schlagzeile auf: „Zum Schwarzärgern" und amüsierte sich köstlich über die Tatsache, dass unser Bier wieder einmal nicht als Bier verkauft werden konnte, jedoch ordentlich Steuern dafür berappt werden durften.

Was war zu tun? Der Verkauf ins Ausland sollte anrollen; zahlreiche Anfragen aus verschiedenen Ländern der Erde waren bereits eingegangen. Geschäftsabschlüsse mit Händlern in Polen, Portugal und Spanien – wo bereits Verkostungen erfolgreich liefen – standen bevor. Japaner und Finnen hatten ihr Interesse bekundet, unsere Bierspezialitäten einzuführen! Und wir w aren immer noch im Unklaren über die rechtliche Situation. Durften wir unseren Gerstensaft als „Schwarzbier" exportieren oder nicht? Vorsichtshalber bereiteten wir eine Umetikettierung vor und stellten uns darauf ein, den „Schwarzen Abt" als „Black Abbot" in die Ferne zu verkaufen. Eine zutiefst unbefriedigende Lösung, denn kein Amerikaner oder Japaner konnte mit dieser Bezeichnung etwas anfangen.

Nachdem ich geschlagene zwei Monate (!) nichts aus dem Agrarministerium gehört hatte, wiederholte ich am 18. Juni 2001 meinen eindringlichen Appell und forderte Dr. Desselberger ultimativ auf, mir innerhalb einer Woche Antwort zu geben.

Und was geschah? Keine sieben Tage später erhielt ich die Antwort, in der meine aufgeführten Grundsätze voll bestätigt wurden.

Woher dieser plötzliche Sinneswandel, der einer 180-Grad-Wende gleichkam? Waren die Herren in Potsdam plötzlich zu einer besseren Einsicht gelangt? Hatten sie die Nerven verloren? Oder war die Kursänderung durch den erheblichen Druck der Medien zustande gekommen? Mir war das Letztere am wahrscheinlichsten.

Dieser Vorgang zeigte deutlich, dass es möglich war, Verwaltungsvorschriften zum Vorteil der Betroffenen auszulegen, wenn der Wille dazu oder genügend äußerer Druck vorhanden war. Mit welcher Begründung wurde uns aber weiterhin die Genehmigung zum Verkauf unseres „Schwarzbieres" unter diesem Namen im Inland versagt? Es war nicht möglich, im Internet zwischen Inländern und Ausländern zu unterscheiden. Wie sollten wir verhindern, dass uns auch aus Deutschland Bestellungen zugingen?

Gesinnungswandel oder nicht?

Noch immer waren die Wirren nicht beendet. In „Bild" vom 27. Juni 2001 entdeckte ich ein Interview mit Ministerialrat Dr. Desselberger, in welchem er für sein plötzliches Umschwenken zur Rede gestellt wurde. Er erwiderte, es gebe keinen „Gesinnungswandel", da das Ministerium zur Ausfuhr ins Ausland keine Genehmigung erteilen müsse. Dies sei im Schriftverkehr mit der Brauerei „etwas missverständlich" ausgedrückt worden.

Diese Äußerung beunruhigte mich sehr, da ich davon ausgegangen war, dass uns diese Genehmigung seitens der Behörde soeben erteilt worden war. Um weiteren rechtlichen Komplikationen vorzubeugen, die sich aus der Verwirrung auf Behördenebene ergeben konnten, bat ich nochmals um die ministerielle Bestätigung, dass uns zur Herstellung und zur Ausfuhr unseres Schwarzbieres ins Ausland eine Ausnahmegenehmigung nach § 9 Absatz 7 des Vorläufigen Biergesetzes verbindlich erteilt worden war.

Als diese Bestätigung eingegangen war, nahm ich sie zum Anlass, das Ministerium erneut um Erteilung derselben Ausnahmegenehmigung für das Inverkehrbringen unseres Schwarzbieres unter diesem Namen auch in Deutschland nachzusuchen – der Gegenstand unseres jahrelangen Rechtsstreites. Ich konnte nicht einsehen, warum dieser Genehmigung noch Gründe entgegenstehen sollten.

Erneut lehnte das Ministerium auch diesen Antrag mit der Begründung ab, es gebe für den Verkauf an inländische Verbraucher nach dem Biergesetz keinen Ermessensspielraum, da das vom Reinheitsgebot abweichende Bier in Deutschland hergestellt werde. Tatsächlich wurde doch auch das zum Export vorgesehene Bier in Deutschland hergestellt – und hierfür ist eine Ausnahmegenehmigung ausdrücklich erteilt worden! Mit dieser jüngsten Entscheidung in dem langen Drama des Bierstreites wurde deutlich, dass nicht nur inländische Brauer, sondern ebenso inländische Verbraucher gegenüber dem Ausland eindeutig benachteiligt wurden. Diese Diskriminierung war für jeden rechtsbewusst denkenden Menschen ein unerträglicher Zustand!

Wir schrieben den Juli des Jahres 2001. Es wurde höchste Zeit, das Frankfurter Verwaltungsgericht an unsere Klage gegen das Land Brandenburg zu erinnern.

Kein Ende des Streits in Sicht

Am 1. Juli 1997 – also vor sechs Jahren – hatten wir unsere Klage auf Erteilung einer Ausnahmegenehmigung für unseren „Schwarzen Abt" eingereicht. Am 18. August 1997 hatte das Land Brandenburg die Klageerwiderung vorgelegt. Jetzt war es an der Zeit, beim Gericht nachzuforschen, wann mit der Terminierung einer Verhandlung gerechnet werden konnte. Es war zwar nichts Ungewöhnliches, dass angesichts der heillosen Überlastung der deutschen Gerichte Jahre vergehen konnten, bis ein

Prozess angesetzt wurde; jedoch begann mir der jetzt ins zehnte Jahr gehende Bierstreit leid zu werden.

Wir fragten über unseren Anwalt höflich an und ergänzten unsere Klageschrift mit dem Sachverhalt des Streites um das „Export-Bier". Die vom Ministerium erteilte Ausnahmegenehmigung für das Ausland war ein gutes Argument, dieselbe auch für das Inverkehrbringen in Deutschland durchzusetzen.

Nach elfmonatigem Hin- und Her und erheblichem Geld- und Zeitaufwand konnten wir im Juli 2001 endlich an die Ausfuhr unseres Schwarzbieres nach Übersee gehen und damit die wirtschaftliche Basis unseres Unternehmens noch einmal erweitern. Auch hatten wir unsere Angebotspalette speziell für die Vereinigten Staaten auf unsere anderen Biersorten ausgeweitet und englischsprachige Etiketten entwickelt. Ab jetzt ging unser guter Gerstensaft nicht nur als bewährtes „Neuzeller Klosterbräu-Schwarzbier", sondern auch als „Blackbeer" und „Bathbeer" über den großen Teich und um die Welt.

Diese erfreuliche Zukunftsperspektive wurde dadurch getrübt, dass wir bei unserer Werbung im Internet sorgfältig darauf bedacht sein mussten, unsere deutschen Landsleute nicht auf die Seiten mit dem für die Ausfuhr vorgesehenen Bier zu führen – war uns doch der Absatz des „Schwarzbieres" im Inland streng verboten! Wohl oder übel mussten wir eine – in meinen Augen diskriminierende – Warnung in unseren elektronischen Katalog bringen: „Nur für Ausländer, für Inländer behördlich nicht erlaubt!" Ich hoffte, dass sich die deutschen Bierliebhaber derart darüber aufregten, dass der Druck auf die Politik insbesondere über die Medien aufrecht erhalten wurde. Vielleicht würde der eine oder andere auf diese Weise „diskriminierte" Deutsche den Weg vor ein Gericht finden, um sein Recht auf ein echtes deutsches Klosterbier, das seinen Namen auch tragen durfte, einzuklagen.

Aber auch unser Klosterladen ließ mir keine Ruhe. Meine nochmalige Bitte an das Agrarministerium, uns doch den Direktverkauf des für den Export vorgesehenen Schwarzbieres zumindest „nur an Ausländer" zu gestatten, wurde mit den bekannten Argumenten wiederum abgelehnt. Dass der Neuzeller Klosterbrauerei damit eine weitere Absatzmöglichkeit verloren ging, schien die politisch Verantwortlichen in Potsdam nicht zu interessieren. Was galten Arbeitsplätze und die wirtschaftliche Zukunft eines mittelständischen Unternehmens in einer strukturschwachen Region gegenüber den Herrlichkeiten einer verwinkelten Bürokratie?

Doch ich ließ nicht locker und beharrte darauf, eine Musterflasche unseres „Schwarzbieres" in unserem Klosterladen auszustellen, denn die bildliche Werbung – siehe Internet – war uns ausdrücklich genehmigt worden.

Sie erinnern sich, dass Agrarminister Gunther Fritsch anlässlich seines Besuches in Neuzelle im Juni 1998 uns die unvoreingenommene Prüfung des Bierstreites und eine enge Verständigung mit uns zugesagt hatte? Doch von ihm persönlich haben wir seitdem nichts mehr gehört. Es bleibt die bittere Frage, was ein Politikerwort heute wert ist.

Die Fortsetzung des Bierstreites brachte auch weiteren Nutzen. Wann war es vorgekommen, dass ein bisher unbekannter Ort so schnell buchstäblich in aller Welt bekannt wurde? Ströme von Besuchern und Touristen kamen Jahr für Jahr nach Neuzelle, um den Ort aufzusuchen, von wo aus die Regierung des Landes Brandenburg herausgefordert wurde – und natürlich auch, um unser gutes Bier zu probieren. Der Tourismus in der Region am Ufer der Oder nahm in diesen Jahren einen hervorragenden Aufschwung und erhielt mit der Eröffnung des ersten deutschen Bierbades im Sommer 1997 eine neue Dimension.

Es war uns gelungen, in schwieriger Zeit 40 Arbeitsplätze langfristig zu sichern. Unsere Brauanlagen waren mit rund 40 000 Hektolitern Bierausstoß pro Jahr ausgelastet. Seit Jahren schrieben wir schwarze Zahlen, steigerten kontinuierlich Umsätze und Gewinn und konnten seit 1992 insgesamt 20 Millionen DM in unseren Betrieb investieren. Dies alles konnte sich sehen lassen. Wir alle – meine Mitarbeiter und auch ich – konnten stolz auf die geleistete Arbeit und unsere Qualitätsprodukte sein. Dafür hatte sich der bisherige Kampf, die Mühe und die Arbeit mehr als gelohnt.

Im November 2002 brachten wir ein Produkt auf den Markt, das aufgrund seiner Exklusivität erneut ein Erfolg zu werden versprach: eine Bierspezialität aus Bockbier und Kirschmuttersaft, veredelt mit Holundersaft und Raffinade. Wir nannten es „Kirsch-Bier Mischgetränk" und waren sicher, mit dieser Bezeichnung diesmal den Ansprüchen der Bürokratie von Anfang an Genüge getan zu haben. Doch weit gefehlt. Es dauerte nicht lange, da wollten die Behörden uns die Kirschen im Bier sauer werden lassen. Am 12. Februar 2003 flatterte zur Abwechslung wieder ein Mahnschreiben der „Zentrale zur Bekämpfung unlauteren Wettbewerbs" aus Frankfurt am Main auf meinen Schreibtisch. Die unterbeschäftigten Mitarbeiter dort waren auf die Etikettierung unseres Kirschbieres aufmerksam geworden (bzw. gemacht worden) und hatten selbstverständlich etwas Störendes gefunden: die Bezeichnung „Kirschbier" entsprach angeblich nicht den einschlägigen Vorschriften. Auch in diesem Fall musste zur Begründung das Reinheitsgebot herhalten. Die Bezeichnung „Bier" war nach Ansicht der Wettbewerbshüter nicht zulässig, da dem Getränk Kirschsaft zugesetzt war. Neuer Saft, pardon, Wein in alten Schläuchen? Genauso war es. Nur leider hatten die Experten in Frankfurt übersehen, dass unser Kirschbier die Zusatzbezeichnung „Mischgetränk" trug. Nach unserer Auffassung ein ausreichender Verweis auf die Eigenschaften des Getränkes und – verbunden mit den Inhaltsangaben auf der Flasche – den Anforderungen des Verbraucherschutzes voll genügend.

Genauso sah dies auch die für die Lebensmittelüberwachung zuständige Behörde in Beeskow. Dort zumindest hatten die Kollegen aus dem Bierstreit ihre Lehren gezogen. In einem Schreiben vom 13. Februar 2003 bestätigte uns der Amtstierarzt, dass die Bezeichnung unseres Kirschbieres den Vorschriften ohne Einschränkung entsprach und keine Bedenken gegen die Etikettierung vorzubringen waren. Ich freute mich über die eindeutige Stellungnahme, war allerdings ein zu gebranntes Kind, um damit zufrieden zu sein. Deshalb übersandte ich die Angelegenheit unserem Anwalt und bat ihn, gegen die Verfügung der Wettbewerbszentrale Widerspruch einzulegen. Sicherheitshalber informierte ich das Landwirtschaftsministerium über den Vorgang und bat um Stellungnahme. Kurioserweise stellte sich Agrarminister Wolfgang Birthler auf die Seite der Wettbewerbshüter und gegen die Behörden seines eigenen Landes! Mit Bedauern teilte er mir mit, dass die Argumentation der Behörde in Frankfurt/Main seines Erachtens rechtlich zutreffend sei. Immerhin äußerte er seine persönliche Meinung, dass wir in der Sache durchaus Recht hätten und unsere Etikettierung im Grunde in Ordnung sei. Der Verbraucher bedürfe des Schutzes, den ihm das deutsche Bierrecht zukommen ließe nicht, sondern wolle lediglich eine umfassende Information, die ihm aufgrund unserer Etikettierung gegeben sei. Ein viel sagender Hinweis auf die Gängelung und Bevormundung des Bürgers durch absurde und überregulierende Vorschriften. Warum ist niemand in der Lage oder willens, dies zu ändern, wo das Problem doch erkannt ist? Ein ewiges Rätsel der Bürokratie.

Nach dieser an Uneindeutigkeit kaum zu übertreffenden Stellungnahme der Landesbehörde erkundigte ich mich beim Verband mittelständischer Privatbrauereien nach deren Meinung. Der uns bekannte Herr Demleitner beeilte sich erwartungsgemäß, der Rechtsauffassung der Wettbewerbszentrale beizupflichten. Von dieser Seite war auch diesmal keine Unterstützung zu erwarten.

Nachdem am 21. März 2003 die „Zentrale zur Bekämpfung unlauteren Wettbewerbs" den Einspruch unseres Rechtsanwaltes als nicht stichhaltig zurückgewiesen hatte, wurde mir klar, dass wir in diesem Falle wieder nicht um eine gerichtliche Entscheidung herumkommen würden, um die gegensätzlichen Rechtspositionen zu klären. Ich dachte gar nicht daran, unser Kirschbier kampflos dem Bürokratiemoloch preiszugeben. Gilt doch für diese Spezialität dasselbe wie für unser Schwarzbier: es ist und bleibt „Bier" im besten und edelsten Sinne des Wortes und hat ein Recht, bei seinem richtigen Namen genannt zu werden. Bisher haben wir von der Wettbewerbszentrale nichts mehr gehört. Vielleicht hat es dort ein Einsehen gegeben.

Kasperletheater für Bürokraten

Sie, liebe Leser, haben sicher Erinnerungen an die guten alten Kasperletheater aus der Jugendzeit. Auf der schlichten Holzbühne erschienen verschiedene wunderliche Handpuppen und schlugen mit Miniaturknüppeln hartnäckig aufeinander ein, ohne dass etwas Sinnvolles dabei herauskam. Ähnlich begann sich der Bierkrieg jetzt zu entwickeln: ein fruchtloses, zunehmend hartes Gedresche auf Seiten aller Beteiligten. Auf der Strecke dieses Bürokratentheaters blieb einzig und allein die Neuzeller Klosterbrauerei mit ihren Mitarbeitern.

Im Juni 2003 wurde es mir zu bunt. Eine Entscheidung war in dem ganzen Hin und Her von Amtsseite längst nicht mehr zu erwarten. Also nahm ich die Dinge wieder einmal selbst in die Hand und beendete von mir aus die behördlich verordnete Täuschung der Verbraucher auf unseren Bierflaschen. Schon zu lange hatte ich damit gewartet und mein Gewissen mehr und mehr belastet. Ich ersetzte die Etiketten des „Schwarzen Abtes" und des „Klostermalzes" durch solche, auf denen die Bezeichnungen „Schwarz<u>bier</u>" bzw. „Malz<u>bier</u>" klar und deutlich unter den Produktnamen zu lesen waren. Die Vorschriften sah ich eindeutig auf unserer Seite. Gemäß Kennzeichnungsverordnung für Lebensmittel gab es für Produkte, die nicht nach dem Reinheitsgebot hergestellt wurden, keine festgelegte Verkehrsbezeichnung. Stattdessen war es zulässig, die „allgemein übliche" Benennung anzugeben. Wer wollte bestreiten, dass dies in unserem Falle „Bier" war? Im Übrigen wiesen bereits die alten Etiketten die strittigen Begriffe im „Kleingedruckten" auf, gleich zwei Mal, und mit Zustimmung des Landwirtschaftsministeriums!

Wer sollte also etwas dagegen haben, etwas sowieso schon Genehmigtes jetzt groß zu drucken?

So dachte ich und hatte mich doch wieder getäuscht. Die handelnden Personen des Theaterstückes waren nicht bereit, die Knüppel so einfach aus der Hand zu legen. Im Gegenteil, schwere Geschütze wurden aufgefahren. Am 11. Dezember 2003 erreichte mich – einmal mehr – eine Ordnungsverfügung des Landkreises Oder-Spree, welche die Etiketten unter Androhung der bekannten Ordnungsmaßnahmen beanstandete. Aber damit nicht genug! Auf dem Fuße folgte eine Strafanzeige bei der Staatsanwaltschaft Frankfurt gegen die Neuzeller Klosterbrauerei wegen „Verbrauchertäuschung".

Verkehrte Welt! Offensichtlich galt es den Bürokraten als Täuschung, den Verbrauchern ehrlich zu sagen, was sie verzehrten. Ebenso verwundert mussten die Beamten der Staatsanwaltschaft innegehalten haben, denn kurz darauf wurde das Verfahren wegen „Geringfügigkeit" eingestellt. Folgerichtig blieb unser Einspruch gegen die absurde Ordnungsverfügung des Lebensmittelüberwachungsamtes zunächst ohne Antwort der auf diese Weise düpierten Amtlichen.

Bereits am 1. Dezember 2003 hatte die mündliche Verhandlung wegen des seit 1997 anhängigen Verfahrens vor dem Verwaltungsgericht Frankfurt stattgefunden und noch vor Jahreswechsel erfolgte – endlich, endlich! – das lang erwartete Urteil. Das Ergebnis konnte uns Neuzeller freilich nicht mehr überraschen: Unser „Schwarzer Abt" durfte immer noch nicht „Bier" heißen. Damit war die Entscheidung des ersten Verfahrens bestätigt worden. Die Argumentation des Gerichtes hatte sich trotz der vielen durch uns inzwischen beigebrachten Tatsachen inhaltlich nicht verändert – sie war lediglich origineller geworden. Auf unsere verfassungsrechtlichen Einwände gegen die Bierverordnung, das Reinheitsgebot verstoße gegen die Grundrechte auf Berufsfreiheit und Gleichbehandlung, leisteten sich die Richter einen wahrhaft spitzfindigen Kunstgriff: Das Reinheitsgebot sei heute nicht mehr aus gesundheits- oder verbraucherpolitischen Aspekten zu wahren, sondern weil es ein altes Kulturgut darstelle! Abgesehen von der Frage, wo hier der Zusammenhang bestehen soll, beglückwünsche ich die Herren Justizsachverständigen zu so viel Phantasie. Ich halte dagegen – ist die jahrhundertealte Neuzeller Brautradition etwa weniger traditionswürdig als das „heilige" Reinheitsgebot, nur weil hinter Letzterem die geballten Interessen der etablierten Wirtschaft und Politik stehen? Bei so viel verdrehter Formulierungskunst musste der äußere Druck auf die Justiz zweifellos sehr groß gewesen sein.

Für uns hieß es erneut „nach vorne schauen". Den Revisionsantrag vor dem Bundesverwaltungsgericht hatten wir lange vorbereitet und reichten ihn unverzüglich ein.

Übriges war unsere Werbeabteilung inzwischen auch nicht untätig geblieben. Stets auf der Suche nach neuen

Ideen, hatten sich die Kollegen dort wieder etwas Neues ausgedacht. Unter Veredelung unserer auf der Gesundheitswelle schwimmenden Badespezialität entstand das „Anti-Aging-Bier" (= „gegen-das-Altern-Bier". Sie verzeihen bitte den mir sonst verhassten Anglizismus, allerdings sind auch wir zuweilen gezwungen, auf den Zug des Zeitgeistes aufzuspringen …). Kaum hatten wir den Genehmigungsantrag beim Landwirtschaftsministerium vorgelegt, kam auch schon die Ablehnung, wer hätte es gedacht. Die Begründung sprach unserem Verjüngungsbier die „gesundheitsfördernde" Wirkung ab, entgegen aller Erfahrung und unzähliger wissenschaftlicher Untersuchungen. Dabei hätten gerade die dortigen Beamten einen gehörigen Schluck aus dieser Pulle gut vertragen können. Neuzeller Bier erfrischt das Gehirn und hilft beim Denken! Auch in diesem Falle amtsseitiger Wirtschaftsblockade werden wohl letztlich die Gerichte entscheiden müssen.

Herunter mit dem Vorhang, der 1. Akt des diesjährigen Kasperletheaters für Bürokraten war beendet. Der Frühling 2004 ging ins Land und der Sommer kam (leicht verhagelt). Langsam begann ich mich nach neuen Nachrichten von unseren Behörden zu sehnen. Was war aus der im Dezember letzten Jahres erlassenen Ordnungsverfügung gegen unsere Schwarzbieretiketten geworden? Anfang Juni wurde mein Verlangen endlich gestillt. Doch statt eines Bescheides über unseren Einspruch kam eine neue Ordnungsverfügung! Dieser jüngste Streich des Bürokaspers ließ mich beinahe hintenüber kippen. Unter Aufhebung der alten Verfügung – bezeichnenderweise ohne jede Begründung – wurde eine neue erlassen, die es allerdings in sich hatte. Unter Androhung sofortiger Vollziehung wurde uns auferlegt, die Herstellung des „Schwarzen Abtes" und des „Klostermalzes" mit den aktuellen Etiketten bis zum 9. Juli 2004 einzustellen. Widrigenfalls hatte die Brauerei ein Ordnungsgeld von 20 000 Euro zu gewärtigen, ersatzweise Zwangshaft für den Geschäftsführer.

Jedermann im Landratsamt, der noch ein wenig Verstand im Kopf hatte, musste wissen, dass diese Forderungen für einen Betrieb wie den unseren in der vorgegebenen Frist nicht umzusetzen waren. Die „angeklagten" Produkte machten 70 % unseres Umsatzes aus, wir hatten Etiketten für eine gesamte Jahresproduktion angeschafft, und eine erneute Umstellung würde mindestens drei Monate in Anspruch nehmen! Als geradezu schäbig empfand ich jedoch die Haftandrohung gegen meine Person. Was ist das für ein Rechtsstaat, wo unbescholtene Unternehmer wegen Streitereien um Begriffe ins Gefängnis geworfen werden sollen? Schon die vorausgegangene Strafanzeige wegen angeblicher „Verbrauchertäuschung" von Seiten des Landratsamtes stellte eine unerhörte Kriminalisierung unseres Betriebes dar, doch dem wurde jetzt geradezu die Krone aufgesetzt!

Unverzüglich reichten wir einen Antrag auf Aussetzung der Ordnungsverfügung ein, der jedoch wenige Tage später vom Landkreis Oder-Spree abgelehnt wurde. Mir wurde klar: hier sollte offensichtlich nichts weniger als die endgültige Vernichtung der unbequemen Neuzeller Klosterbrauerei in Angriff genommen werden.

Was blieb mir übrig, als sofort einen schriftlichen Hilferuf an die drei maßgeblichen Regierungsmitglieder des Landes Brandenburg zu senden: den Wirtschafts-, den Innen- sowie den Landwirtschaftsminister. Es ging schließlich um unsere Existenz! Wie heute mit der Not mittelständischer Unternehmen im Lande Brandenburg auf politischer Ebene umgegangen wird, zeigte mir die drei Wochen später eingegangene Antwort des Letzteren. Ein paar dürre Zeilen mit dem Hinweis, man könne rechtlich nichts tun, ich solle mich doch mit dem Landratsamt gütlich einigen!

Auch meine treue Belegschaft stellte sich wieder einmal voll und ganz hinter mich und griff zur Feder. Ein eindringliches Schreiben der Kollegen ging an den Ministerpräsidenten Platzeck mit der Bitte um ein schnelles Eingreifen zur Rettung der zahlreichen Arbeitsplätze in unserer strukturschwachen Region. Was aber geschah? Ein Referentenbrief teilte in vier knappen Sätzen mit, das Anliegen der Mitarbeiter sei dankend eingegangen und an das Landwirtschaftsministerium weitergeleitet worden. Jeder Kommentar überflüssig.

Selbstverständlich hatten wir nach Eingang der Ablehnung unseres Aufschubantrages schleunigst Einspruch beim Verwaltungsgericht in Frankfurt/Oder eingelegt. Erwartungsgemäß setzten die dortigen Richter am 12. Juli 2004 die Ordnungsverfügung bis zur Klärung der Gesamtangelegenheit vor dem Bundesverwaltungsgericht aus. Wieder einmal hatten wir in letzter Sekunde der Keule des Bürokaspers ausweichen können, doch wie lange noch?

Gespannt, aber in ungebrochen optimistischer Zuversicht harren wir der Dinge, die noch kommen werden.

Am Schluss: Warum der Schwarze Abt lebendig bleiben muss

Der „Brandenburger Bierstreit" wird sein 11., vielleicht auch 12. und 13. Jahr erleben. Niemand kann voraussagen, wie er ausgehen wird.

Nicht ohne Hintergrund habe ich in der „Brandenburger Bierposse" den sagenhaften ersten Vorsteher des Neuzeller Klosters, den ehrwürdigen Hermann – genannt „Schwarzer Abt" – auferstehen lassen. Er gehörte einem Orden an, der durch seine besonderen Eigenschaften, seine außergewöhnlichen Fähigkeiten für die kulturelle und zivilisatorische Erschließung besonders norddeutscher Gebiete im hohen Mittelalter von herausragender Bedeutung war. Wodurch zeichneten sich seine geistlichen Mitglieder aus?

Im Jahre 1098 legte der heilige Robert von Molesme den Grundstein zur Abtei Citeaux (Cisterz) in Frankreich. Dieses neue Kloster wurde die Keimzelle eines neuen Ordens, der sich ganz in der Tradition der großen kirchlichen Erneuerungsbewegung des Mittelalters – der so genannten „Cluniazensischen Reform" – sah. Ziel war eine Erneuerung der Kirche an „Haupt und Gliedern"; eine Abkehr von der grassierenden Verweltlichung und dem sittlichen Niedergang, zurück zu den Idealen mönchischen Lebens, die ihren lebhaftesten Ausdruck in dem Motto „Ora et Labora", „Bete und Arbeite" fand.

Strenge Gottesfurcht, harte Arbeit, Armut und bescheidenes Leben in Demut und Pflichterfüllung waren die Grundsätze dieser Reformbewegung. Die Zisterzienser bemühten sich dabei in vorbildlicher Weise um eine strikte Befolgung der Regeln des heiligen Benedikt von Nursia. Sie legten Wert auf größtmögliche Selbständigkeit ihrer Klostergründungen von geistlicher und weltlicher Fürstengewalt.

Ihre Abteien bauten die Zisterzienser nicht auf hohen Bergen wie andere Orden, sondern in Tälern, wo sie ausreichend Wasser und eine akzeptable Lebensgrundlage vorfanden. Für den Bau der Kirchen und Klostergebäude wurden keine Bauleute engagiert. Alles wurde in harter Handarbeit selbst ausgeführt. Bescheiden und demütig wie sie waren, lehnten es die Zisterzienser ab, ihren Bauwerken Schmuck und Prunk hinzuzusetzen; so mussten ihre Gotteshäuser zum Beispiel ohne hochragende Türme auskommen. Es entstand jene typische und unnachahmliche Baukunst, die uns in Deutschland auch heute noch mit zahlreichen Bauwerken aus dem hohen Mittelalter in ihren Bann schlägt. Ich denke zum Beispiel an die großartigen Abteien von Lehnin oder Chorin in Brandenburg.

Ausgehend von der bedeutenden Arbeit des in Cluniazensischer Tradition stehenden Heiligen Bernhard, erlebte der Orden im 12. und 13. Jahrhundert seine Blütezeit. Von seinem Kloster in Clairveaux gingen 68 Filial- und viele weitere Tochtergründungen in ganz Nordeuropa aus; eine davon war unser Neuzelle.

Schon früh holten sich deutsche Territorialfürsten, wie die Markgrafen von Meißen und Brandenburg, die arbeitsamen Mönche mit den weißen Gewändern und den schwarzen Kapuzenüberzügen in ihre Länder. Insbesondere bei der Christianisierung und Kolonisierung der ostelbischen Gebiete Deutschlands erbrachten sie eine unvergleichliche Leistung.

Im Zentrum des Ordenslebens stand ein Arbeitsethos, das uns später besonders in den unverdienterweise nach dem Zweiten Weltkrieg in Verruf gekommenen preußischen Tugenden erneut begegnete.

Mut und Risikobereitschaft ließen die Zisterzienser immer wieder neue Herausforderungen annehmen, wenn es darum ging, unwirtliche und feindliche Landschaften zu kolonisieren und zu bebauen. Dabei bewiesen die ehrwürdigen Brüder bewundernswerte Beharrlichkeit und ein eisernes Durchhaltevermögen. Auch die schlimmsten Rückschläge brachten die Mönche nicht dazu, einen einmal ausgewählten Ort wieder zu verlassen und ihr Heil in unrühmlicher Flucht zu suchen. Hohe Flexibilität und ein nie ermüdender Erfindungsreichtum halfen ihnen, die kompliziertesten technischen und wirtschaftlichen Probleme zu überwinden. Erinnert sei nur an ihre sprichwörtlich gewordene innovative Wasserbaukunst, die es ihnen gestattete, in den unwirtlichsten Gegenden zu siedeln und erfolgreichen Landbau zu betreiben.

Dabei lebten die Zisterzienser nicht auf Kosten des Landes und seiner Bewohner. Alles, was sie zum Leben brauchten – nicht zuletzt das Bier –, erstellten und erwirtschafteten sie selbst – und noch einiges darüber hinaus, was sie, ebenso sparsam wie geschäftstüchtig, an die Bevölkerung der Umgebung verkauften. Wohlleben, Reichtum und Völlerei waren ihnen zuwider; mit Fleiß und Hingabe arbeiteten sie an der Verwirklichung ihrer hohen Ideale zur höheren Ehre Gottes und zum Wohle des Landes und seiner Menschen.

Warum ich Ihnen das erzähle? Weil ich der Meinung bin, dass wir uns an diese alten Tugenden der ehrwürdigen Mönche heute wieder erinnern sollten.

Wie weit sind wir von den früher so erfolgreichen Idealen, harter, uneigennütziger Arbeit für die Gemeinschaft abgekommen? Während wir eine immer noch steigende Massenarbeitslosigkeit bedenkenlos verwalten und notwendige soziale und wirtschaftliche Reformen bis zum „Sanktnimmerleinstag" aufschieben, gibt sich eine wachsende Zahl unserer Bürger hemmungslos einer Wohlstands- und Spaßgesellschaft hin, die wir uns mit Schulden erkaufen, die auf die kommenden Generationen abgewälzt werden. In diametralem Gegensatz zum wirtschaftlichen Niedergang – auch besonders des Mittelstandes – leisten wir uns immer noch eine ausufernde Staatsbürokratie, eine Wasserkopfverwaltung, die dabei ihre eigentlichen Kernaufgaben und Ordnungsfunktionen immer weniger erfüllt, dagegen als Versorgungsanstalt der politischen Klientel durch immer mehr Vorschriften und Regulierungen Eigenverantwortlichkeit und Freiheit der Bürger einengt und beschneidet. Derweil ist das Niveau des – einstmals Weltmaßstäbe setzenden – deutschen Bildungssystems, der Nährboden unserer Kultur, weit unter das europäische Mittelmaß gesunken. Grundlegende traditionelle Werte wie Pünktlichkeit, Zuverlässigkeit, Opferbereitschaft, Nächstenliebe, Zivilcourage, Treue zu Menschen und Ideen, Ehe, Familie, Leistungswille, Disziplin und Fleiß wurden durch jahrzehntelange, dem Götzen eines linken Zeitgeistes huldigende Propaganda systematisch zerstört und damit die Lebens- und Zukunftsfähigkeit unseres Landes nachhaltig gefährdet.

Umkehr tut dringend Not. Der „Brandenburgische Bierstreit" hat Teile des Dilemmas exemplarisch zutage gebracht. Was ist in einem Land unternehmerischer Geist, der das Risiko nicht scheut, Widerstände überwindet, gegen alle negativen wirtschaftlichen Rahmenbedingungen nicht aufgibt, noch wert, wenn eine halsstarrige, am Buchstaben fragwürdiger Vorschriften klebende und jede Veränderung ängstlich scheuende Bürokratie jede Initiative, jeden Erfolgswillen im Ansatz untergräbt?

Vor einem Jahrzehnt kam ich nach Neuzelle und fand dort ein Unternehmen vor, das kurz vor dem „Aus" stand. Fast hoffnungslos verschuldet, technisch wahrlich nicht auf dem neuesten Stand, marode, mit resignierenden Mitarbeitern, bot sich die Brauerei nicht als lukratives Kaufobjekt an. Doch ich sah die Chance, diesem traditionsreichen Unternehmen neues Leben einzuhauchen und damit der Region und ihren Menschen zu dienen.

Als Abt Hermann vor mehr als 700 Jahren mit elf seiner Mitbrüder an die Ufer der Oder kam, fand er ein ödes, feindliches Land vor. Nach guter Zisterzienser-Manier kehrte die winzige Schar christlicher Kolonisten jedoch nicht auf dem Absatz wieder um, sondern krempelte die Ärmel der Kutten hoch und begann zu arbeiten. Sie rodeten den Wald, bauten Kirche und Kloster und machten das Land urbar. Weder Krieg noch Hunger, weder Krankheit noch Sturm- und Wassergewalt konnten die Mönche und ihre Nachfolger durch die Jahrhunderte hinweg entmutigen; erst ideologische Verbohrtheit vertrieb sie von ihrem angestammten Platz.

Die Früchte ihrer Arbeit jedoch blieben – diese fand ich damals in Resten vor. Das Beispiel der Mönche machte mir Mut, nach einem ausgefüllten Berufsleben hier in Brandenburg noch einmal ganz von vorn anzufangen und gemeinsam mit meinen Mitarbeitern Arbeit und Broterwerb in einer damals wieder strukturschwachen Region zu schaffen. Das Ergebnis beweist, dass Gestaltungswille und Durchhaltevermögen auch heute noch zum Erfolg führen. Eine Umkehr, ein Neuanfang ist jederzeit möglich – man muss nur den Mut dazu haben –, dies lehrt uns auch die Geschichte der Mönche von Neuzelle.

Und unser „Schwarzer Abt"? Er bleibt uns nicht nur als süffiges und bekömmliches Schwarzbier, sondern auch als „guter Geist" unseres Hauses erhalten. Sein Rat für die Zukunft:

Besteht auf dem Recht, von den Vätern ererbt,
auf der Freiheit, die Gott euch gegeben.
Sucht immer nach Wegen, wie besser es geht,
Seid sicher, dass stets eine Lösung besteht.
Und gönnt euch des Abends zuweilen, wie wir,
Ein gut gekühltes Neuzeller Bier!

Fritsche über Fritsche

„Ein gut beschriebenes Leben ist beinahe so selten wie ein gut gelebtes", stellte einst Thomas Carlyle fest. Ich fasse mich deshalb kurz. Das Licht der Welt erblickte ich 1937 in Woxfelde, einem Dorf bei Gorzow (Landsberg an der Warthe) im heutigen Polen. Mein Vater war Landwirt. In Woxfelde verbrachte ich unbeschwert meine Kindheit. Die Flucht vor den heranrückenden Russen verschlug uns 1945 nach Nitzahn, einem Dorf bei Genthin in Sachsen-Anhalt. Hier betrieben meine Eltern eine kleine Landwirtschaft – Überlebensmöglichkeit in einer Zeit, in der überall gedarbt, gehungert und leider auch an Hunger gestorben wurde. Dass es in Zeiten des Mangels besonders auf Flexibilität und Ideenreichtum ankommt, lernte ich bereits als Kind. Nicht das „große Geld" – das damals inflationär vorhanden war –, sondern die Kunst des Überlebens war gefragt.

Die Grundschule besuchte ich in Nitzahn. Das Abitur erreichte ich in einem Internat in Genthin – eine gute Erfahrung, die mir beibrachte, wie es in engen Gemeinschaften zugeht. Als Sohn eines Selbständigen war mir die Chance zum Studium verschlossen. Zu „Arbeitern der Stirn" sollten damals in der DDR in erster Linie „Arbeiterkinder" ausgebildet werden.

Deshalb wählte ich die Flucht nach West-Berlin, „bewaffnet" mit Zahnbürste und Personalausweis. Da das DDR-Abitur hier nicht anerkannt wurde, musste ein zweites, gültiges her. Ein Onkel nahm mich für eine Zeit in seine Wohnung auf. Vormittags ging ich ins Gymnasium, nachmittags arbeitete ich – mal als Möbelpacker, mal in einer Schokoladenfabrik von Sarotti, mal als Straßenreiniger. Schließlich hatte ich das Abitur in der Tasche und lebte mit einem Studienfreund in einer bescheidenen, aber doch schon eigenen Wohnung.

An der Freien Universität Berlin begann ich ein Studium der Betriebswirtschaft. Kameradschaft, Freundschaft und ein neues Zuhause fand ich in der Burschenschaft Neogermania, zu der einst auch Gustav Stresemann gehörte. Bis zum Mauerbau quer durch Berlin zählte ich zu den Studenten der Stadt, die „im Osten aßen und im Westen schliefen". Mein Studium verdiente ich mir als Türsteher, Portier und Garderobier in verschiedenen Gaststätten und Kneipen. Dabei lernt man nicht nur das Türöffnen, sondern entwickelt Menschenkenntnis, eine Fähigkeit, die im Leben äußerst nützlich ist. Mit dem Abschluss als Diplomkaufmann in der Tasche begann meine berufliche Laufbahn im Management von AEG. Hier lernte ich nicht nur Funktionsprinzipien, Unternehmensführung und Strategien eines Großunternehmens kennen, sondern zugleich auch, worauf es bei der Führung eines Unternehmens ankommt: Beweglichkeit und Ideenreichtum. Wer innovativ denkt und handelt, dem gehört immer die Zukunft. In den fast 25 Jahren meiner Tätigkeit bei AEG war ich in unterschiedlichen Geschäftsfeldern tätig und konnte diese Kenntnisse vertiefen und vervollkommnen. Mein letzter Aufgabenbereich im Konzern war die kaufmännische Geschäftsführung bei der Magnetbahn GmbH, einer Tochtergesellschaft der AEG in Starnberg. 1989 machte ich mich, mit all diesen Konzernerfahrungen ausgerüstet, gemeinsam mit meinem Entwicklungsleiter von der Magnetbahn GmbH selbständig. Wir gründeten ein eigenes Unternehmen, die Intrasys GmbH (Innovative Transportsysteme) in München, mit der wir heute noch als Zulieferer für Antriebs- und Bremssysteme international erfolgreich tätig sind. 1991 ging ich als Wirtschaftsberater in die neuen Bundesländer nach Frankfurt an der Oder und konnte mit meinen Kenntnissen, in einer Zeit, wo wirtschaftliche, eigentumsrechtliche und steuerliche Beratung besonders gefragt war, am Aufbau der sozialen Marktwirtschaft mitwirken.

Bis mir die Klosterbrauerei Neuzelle begegnete! Ich erkundete nicht nur die Situation des Betriebes, sondern auch sein Umfeld, die Region und ihre Menschen. Mitarbeiter und Freunde fand ich hier, die meine Lebensphilosophie mittrugen: Glück hat auf Dauer nur der Tüchtige (von Lotto-Gewinn und Erbschaft abgesehen)! Sich regen, bringt Segen! Wer Neues scheut, geht mit dem Alten unter! Prüfe das Neue und das Alte, das Beste behalte! Versuche, deiner Zeit immer ein Stück voraus zu sein!

Ja, und dass wir mit dieser Philosophie in Neuzelle ganz schön weit gekommen sind, kann jeder selbst sehen – ganz einfach, indem er Neuzelle und unsere Klosterbrauerei mit den so wunderbar motivierten Mitarbeitern einfach einmal besucht.

Inhaltsverzeichnis

Was den schwarzen Abt nach 700 Jahren
    aus seiner Gruft trieb 5

„Das besondere Bier – das besondere Land" 10

Etikettenschwindel – oder:
    ist auch drin, was draufsteht? 36

Auf nach Sachsen!
    August der Starke tät sich freuen … 68

Bier oder nicht Bier?
    Wenn's um die Steuer geht … 96

Im Dienste der Schönheit: ein Bier geht baden 120

Bierseligkeit in Übersee:
    von durstigen Amerikanern im Internet 149

Am Schluss: Warum der Schwarze Abt
    lebendig bleiben muss 183

Fritsche über Fritsche 189